佛教美術全集 拾柒

神祕的曼荼羅藝術

蔡東照◆著

藝術家出版社

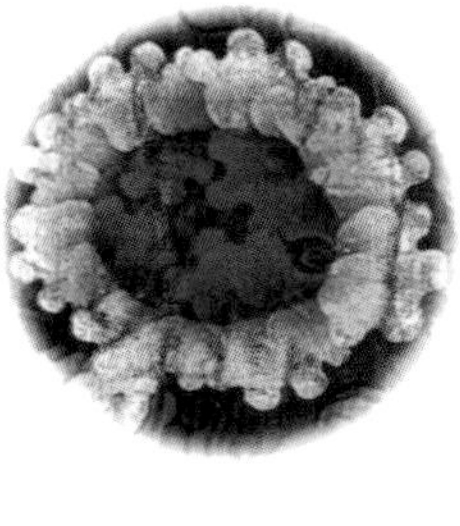

神祕的曼荼羅藝術

佛教美術全集 拾柒

蔡東照◆著

藝術家出版社

#【目錄】

序——【用新生命譜出曼荼羅樂章】

諸佛引領上窮碧落下黃泉

二〇〇三年，完成與日本攝影家加藤敬合作之《神祕的印度唐卡藝術》。翌年九月，打算送本書《神祕的曼荼羅藝術》稿件到藝術家出版社時，竟被突如其來的一場「天堂與地獄之旅」，使交稿時間整整延誤了一年。

交稿前一週，鬼使神差，到醫院參觀畫展。同時看到醫院推廣健康檢查海報，心想既來之，順便檢查一下也安之。隔週去看報告，醫師說我擁有像三十五歲、使人羨慕的健康身體。

走出醫院大門，想起最近數度腸胃不舒服，於是回頭掛號……。

……耳際響起有人叫我的呢喃聲，是內人。我躺在開刀之後的恢復室，接著被送進加護病房。恍惚之間記得「食道癌」開刀之前，醫師說我的體能很好，約三到五天就能從加護病房移到普通病房。沒想到在加護病房昏昏沉沉度過十天，神識一直穿梭在我寫的神祕曼荼羅圖像裡，從第一幅神遊到最後一幅，諸佛菩薩一一和我打照面、一一指出文稿和圖像的錯誤所在。

加護病房的「片斷時間」，似乎都很清醒。曾告訴來探病的妹婿，說閻摩法王與我談了哪些話；告訴內人說我曾進入祕密集會曼荼羅；指著燈火閃爍的八里焚化爐煙囪，告訴護士說那是法幢；出示我與諸佛菩薩精采對話的筆記，內人當

嘉華達賴喇嘛捧曼荼羅盤，進行獻曼荼羅。
2006年達賴喇嘛西藏宗教基金會月曆

場假裝看得懂，出院後我才發現像乩童寫神諭，有看沒有懂。

十月中旬出院，斷然拋棄寫好的文稿，從第一個字開始重寫，內容正是在加護病房神遊曼荼羅世界的翻版。每每聽人談起怪力亂神煽情經驗，我總是嗤之以鼻，沒想到現在自己用怪力亂神口氣說：我在加護病房神識上窮碧落下黃泉，獲得諸佛菩薩教誡，從鬼門關回來，又花一年時間重新寫成本書。

生活之中離不開曼荼羅藝術

曼荼羅的原點是「輪圓具足」，爲預防輪圓隨性擴張到無法控制，也爲了防止外力任意介入，擾亂原有的秩序，於是在最外面加上一層圓形或方形的結界（sīmābandha），以維護曼荼羅聖性空間的完整性，這樣的觀念，自古就存在世界各民族的食衣住行與哲學思想裡。

從美術觀點來說，造型之美千變萬化，但是，萬變不離其宗，最美觀也最耐看、永遠不被淘汰的非「圓形」和「方形」莫屬。從含藏哲學觀念的太極圖和八卦圖，到戰國時代的金銀錯狩獵紋鏡，甚至建築物與家具等都是如此。

住在離遙遠非洲與南美洲的原住民，或美洲原住民之印地安族，他們不但發現輪圓的奧妙，還從其中體驗出「靈異」，而且成爲禳解驅邪避魔、祈請風調雨順必備的護符與圖籙。

佛教思想自印度散開之後，曼荼羅輪圓思想跟著滲入各國佛教圈，使許多建築物以擁有曼荼羅造型爲榮。小乘佛教圈高棉吳哥窟支提塔寺、印尼爪哇波羅浮圖、金剛乘佛教圈的西藏桑耶寺與白居寺，還有明清時代的故宮和天壇等，在在誇示曼荼羅造型之美。事實證明，時至今日，遊覽前述曼荼羅建築物古蹟之時，觀光客無不讚嘆宏偉處浩氣貫長虹、細膩處精巧奪天工。

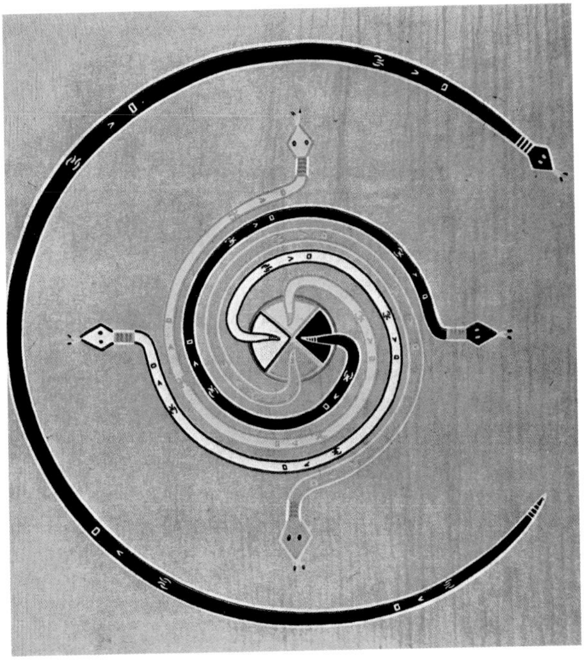

印地安納巴霍族除病魔沙曼荼羅
病患觀想從曼荼羅外圍繞入圓心，藉蛇的靈力驅病。儀式結束就毀掉曼荼羅，象徵摧毀病魔。

曼荼羅茅塞豁然開朗

初次目睹大曼荼羅，是在東密啓蒙上師阿闍梨賴富本宏教授主持的實相寺，面對二・五公尺高的曼荼羅，震懾心情難以言詮，就此迷上了。

數年後，在皈依上師法王貝瑪諾布仁波切的引導下，利用曼荼羅盤「投華得佛」：我把鮮花抛在五方佛的阿閦如來上面，從此以阿閦如來爲本尊。本書在「大悲胎藏生曼荼羅」單元，會說明何謂投華得佛。

一九九六年十月，僅在台北有過一面之緣的日本朋友，傳真告訴我：京都美術館正在舉辦「沙漠的美術館・永遠的敦煌」展覽，裡面有曼荼羅。於是和內人飛往京都參觀。展品其實沒有曼荼羅，而是類似曼荼羅的敦煌藻井圖案；雖非我心嚮往的曼荼羅，仍不虛此行。

二〇〇〇年九月，日本真言宗寺院龍頭東寺，舉行十年一度的曼荼羅展，和內人趕往京都。前後三天，流連東寺寶物館的曼荼羅世界裡，形同身處諸佛國淨土，感同身受戒定慧之中的喜樂與空無真諦。

往後一段期間，應蒙藏委員會、中央日報社、鴻禧美術館和各佛學社團等邀請，演講曼荼羅藝術，可惜總是自覺不甚滿意。有一天，很幸運在觀想藝術公司聆聽張宏實先生演講曼荼羅藝術，內容精采，使我內心有如天雷勾動地火，茅塞頓開，發現自己的缺點是太學術化了；但是，這又何嘗不是優點？

筆者擁有的首件曼荼羅　100 × 100cm

②

①

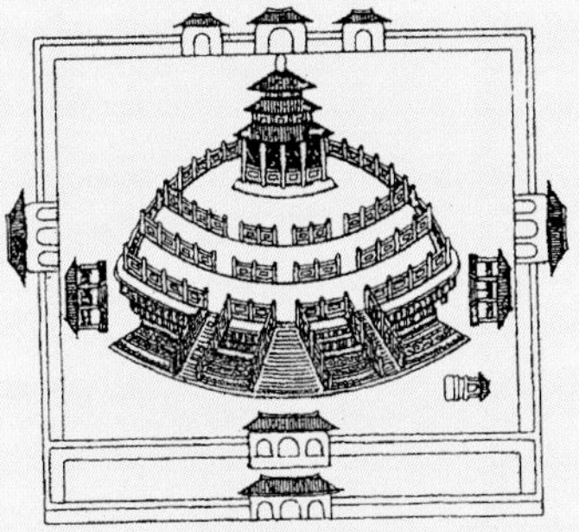

④

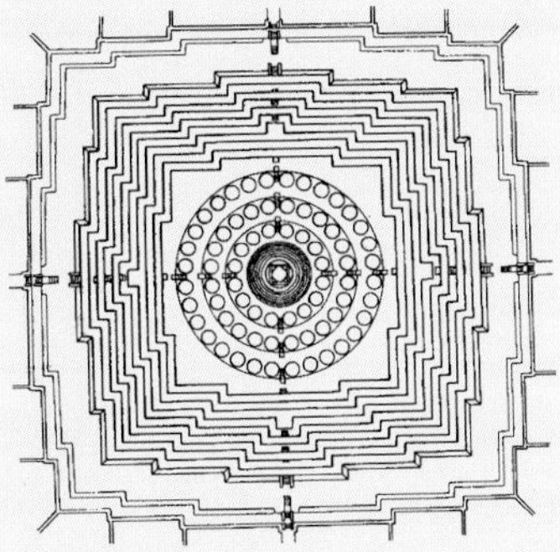

③

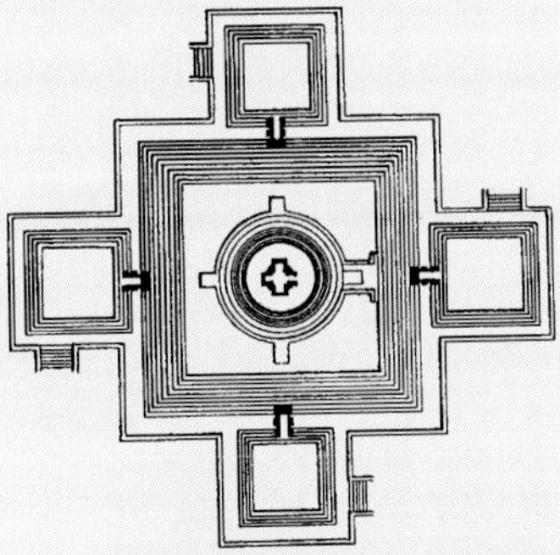

⑥

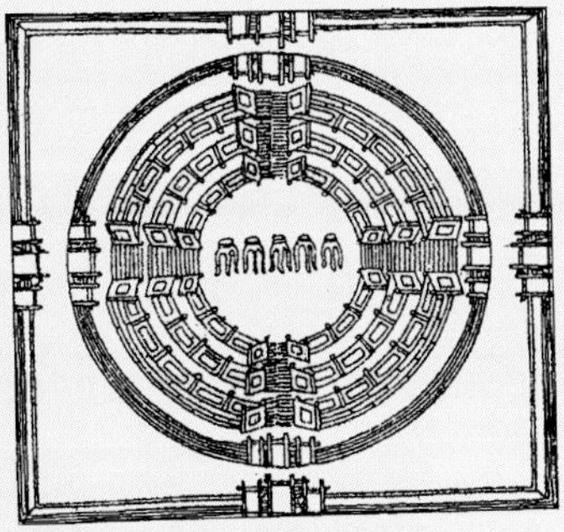

⑤

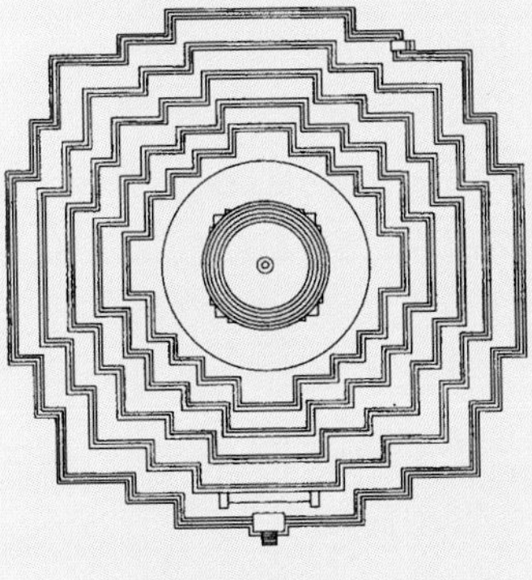

⑧

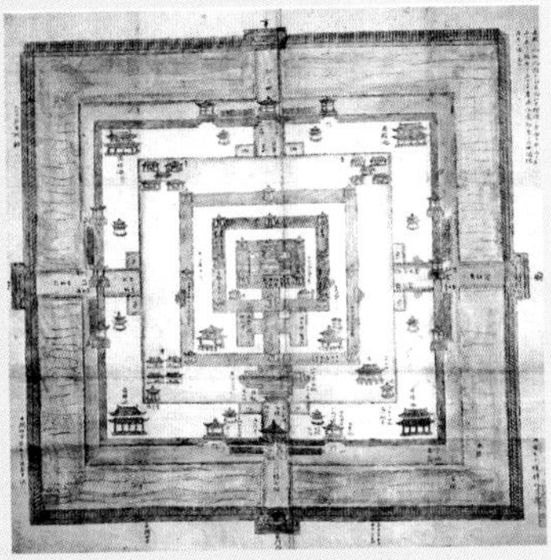

⑦

以曼荼羅為依據的建築物：

1 印尼爪哇波羅浮圖(Borobudur)
2 1814年波羅浮圖銅版畫
3 印尼波羅浮圖寺平面圖
4 明代天壇大享殿，清代稱為祈年殿
5 天壇「圜丘」
6 高棉吳哥支提塔寺平面圖
7 17世紀日本人森本右近太夫所繪的吳哥窟千體佛迴廊
8 江孜白居寺十萬佛塔平面圖

貴人牽引踏上曼荼羅之路

撰寫本書，幸運的事不止一端。敝宅壇城佛像爲參與建造西來寺之賴氏兄弟的傑作，有天賴先生突然送我一面玻璃纖維曼荼羅，讓我大感意外，這是我擁有的第一件曼荼羅作品，當時湧生不知何以回報的心情。賴先生說：「我想你以後會寫曼荼羅的書籍，就送你這面曼荼羅當做契機吧！」

因此契機，使我陸續收集很多曼荼羅作品，包括從日本東寺買回來的六幀曼荼羅。

一九九七年，執筆《白話本西藏中陰度亡經》草稿期間，經白玉烏金喇嘛聯繫，委請鐵丘確林畫師貝瑪喇嘛繪製文武百尊唐卡。那時他突然拿出一幅一百五十公分見方的〈文殊師利九尊曼荼羅〉，說「我一直在等待有緣人，終於出現了，送給你吧！」乍聽之下，有點像開玩笑，我不敢接受；但一旁的烏金喇嘛說，貝瑪喇嘛從不打誑語，勸我收下來。貝瑪喇嘛是「畫師喇嘛」，依照佛法規定，不可以把畫好的唐卡或曼荼羅賣給人家，所以拒絕我給他任何形式的報酬。他擅長於曆算占卜，拉著我的手，神祕兮兮地說：「有一天你會寫曼荼羅的書，這幅曼荼羅派得上用場。」

筆者撰寫《神祕的印度唐卡藝術》的期間，必須先畫好線畫圖稿，再拿到便利商店影印。才印幾張就來了位女士，我禮讓她優先。沒想到她是噶瑪巴弟子，正巧來影印造像度量圖稿和線畫曼荼羅，慷慨地多影印一份相贈；我滿懷欣喜地謝謝她，並說無論如何，會好好善用這些曼荼羅；現在就是了。

有次不知道爲何，心血來潮地去世界宗教博物館參觀。誰知道廣宣部主管竟然是老同事郭玉文小姐，隨之獲得張富傑先生幫忙，惠借徐嘉宏拍攝的「沙曼荼羅製作過程」照片，刊載於《神祕的印度唐卡藝術》上。就這樣，一再

畫師喇嘛修繕觀自在種字沙曼荼羅（蒙藏文化中心提供）

出現貴人，挑起我撰寫「曼荼羅藝術」的念頭。

曼荼羅人間處處有溫情

一九九八年，幸運採訪來台的寧瑪巴敏珠林敏令赤欽法王，會後採訪製作曼荼羅的敏珠林喇嘛。透過翻譯，我們相談甚歡，他把從印度帶來的壓箱寶貝——數十張曼荼羅畫稿，悉數讓我拍照。

數年後，有幸到福華飯店採訪薩迦法王。薩迦法王是我所採訪過所有法王、轉世佛活、仁波切和堪布喇嘛之中，極少數不接受跪地三頂禮的藏傳佛教上師，儼如不喜歡眾人對他繁文縟節參禮的聖嚴法師，這種風氣值得提倡。採訪後，與隨行喇嘛閒聊藏傳佛教的唐卡和曼荼羅美術，過沒多久，就收到從印度寄送來的CD，裡面盡是薩迦派手繪古老曼荼羅唐卡，讓我既驚又喜。

我在蒙藏文化中心學習基礎藏文，幸運獲得楊嘉銘先生協助，讓我盡興拍攝文化中心珍藏的觀自在菩薩沙曼荼羅。從而得知這件沙曼荼羅由寧瑪巴聞思修佛學會在十年前負責製作，於是前往該學會求教。

萬萬沒想到，聞思修正忙於處理甫於台北巨蛋舉行結束，由貝諾法王弘法之二○○五年十月「世界和平眾生願樂大成就法會」的善後工作。他們還為此法會製作了一座立體羯磨曼荼羅。筆者幸運得到住持釋迦仁波切慷慨應允，拍攝到以為絕無機會拍攝的羯磨曼荼羅；若是去年交稿，就看不到這些曼荼羅了。

在一連串幸運之外，最讓我驚喜的，是闊別多年的寧瑪鄔金喇嘛，雲遊行腳印度拉達地區，走遍藏傳佛教大小寺院，在著名的阿濟法輪寺、吉祥卐字寺、道頂寺、吉祥法林寺和水晶寺等處，甚至到古老的達波寺，拍攝許多曼荼羅壁畫送我。這些照片，雖無法與專業攝影家加藤敬先生的相提並論，有焦距不準的、也有變形的，但是對我來說，張張皆為難能可貴的珍品！

印度街頭畫曼荼羅的兒童（蘇嘉秀提供）

回首前塵，似乎是冥冥之中的巧合安排，或受到鐵丘貝瑪喇嘛一語成讖的影響，不知不覺燃起了我想用輕鬆筆調撰寫曼荼羅藝術的念頭。而後幸運獲得藝術家出版社社長何政廣垂青，終能實現願望。

走筆至此，想到劉鶚自《西廂記》和《琵琶記》各摘出一句話，拼在一起當做名著《老殘遊記》最後一段神來之筆的佳聯：「願天下有情人，都成了眷屬；是前生注定事，莫錯過姻緣。」我借用後半句，來形容撰寫本書緣起的幸運奇遇際會，它可以說簡直像是前生注定事，不能錯過的「因緣」！

感謝致敬

本書夤緣順利完成，除感謝上述人士，還必須感謝觀想文物公司徐政夫先生、徐盼蘋小姐；蒙藏委員會金紹緒委員、索南倫珠委員；台中聖德禪寺聖輪法師；直貢噶舉巴直貢法王；寧瑪巴白玉佛法中心貝瑪滇真仁波切、祖古安江仁波切，以及鐵丘確林堪布歐金喇嘛、攝影家陳炳煌先生、美術設計家陳靜惠女士以及西來寺資訊組丁治安先生等，無私惠予協助，謹致謝忱。

另外對於拙著參考書籍的作者、譯者、編者與出版公司，在此也致上謝意與敬意，這些書籍增加了我的知識，更增添拙著內容光彩。

迴向

本書如有任何疏漏之處，皆因個人能力未逮所致，敬請不吝指陳錯誤、惠予教正。若有絲毫成就，謹將涓滴功德迴向一切有情眾生。

〈右圖〉日本前田常作教授所繪的「天之浮舟曼荼羅」（局部） 壓克力顏料 227.3×181.8cm 1981年 富山市立博物館藏

〈左頁圖〉西藏第一座佛寺「桑耶寺」，以符合曼荼羅儀軌的印度超岩寺（Udandapura）為藍本而建造

觀自在菩薩種字沙曼荼羅製作過程

4

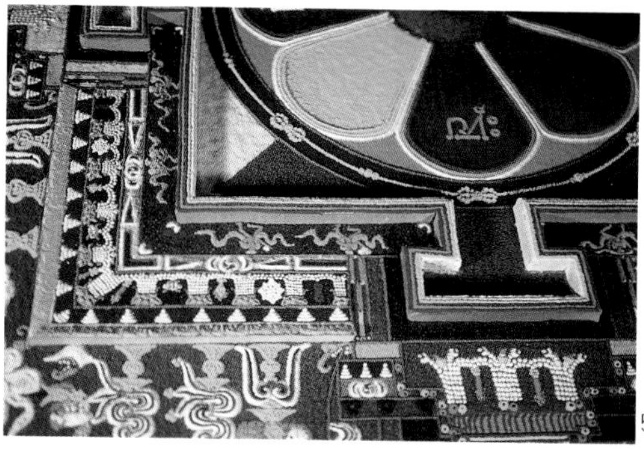
5

1

6

2

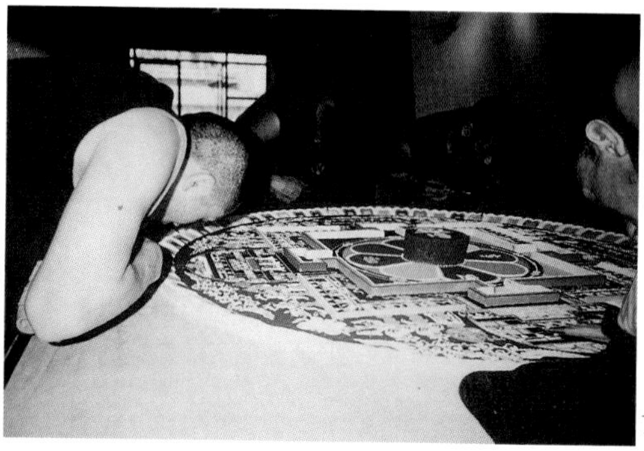
7

3

12

8

13

9

10

11

1 喇嘛們用尺度量，進行彈線。
2 首先製作心輪（主尊輪）
3 完成八蓮花瓣輪，接著製作宮殿入口。
4 心輪，東方在左。
5 製作宮牆和樓閣
6 完成精美樓閣
7 繼續製作三外輪
8 宮牆、樓閣和三外輪密切結合。
9 完成主要曼荼羅
10 製作護輪之外的曼荼羅外境裝飾圖案
11 外境顏色必須與三輪及外苑金剛地呼應
12 大功告成
13 上師主持啓壇儀式，邀請曼荼羅諸尊入壇接受供養。

（以上1、2、3、4、7、10、13圖由蒙藏文化中心提供）

壹・曼荼羅眞諦與醍醐

【曼荼羅到底是什麼？】

曼荼羅與曼陀羅之分

「曼荼羅」是早在唐朝就出現的佛經術語。《辭源》註釋爲：

〔曼荼羅〕念誦佛經的壇場。梵語音譯，也作曼吒羅、曼拏羅等。〈拏字讀音如「拿」，義為牽引，與「拿」字同義。〉

《辭海》沒有「曼荼羅」詞條。在「曼陀羅」詞條的註釋上寫著：即曼達拏。

〔曼達拏〕梵語，略云曼達，亦作曼荼羅、曼陀羅等；舊譯為壇，取平坦之義，即平等周遍十法界之意。不空三藏等譯為輪圓具足，謂如輪之圓滿，具足輞、輻與轂等，十法界之依報正報，皆圓滿具備之義也。

《佛光大辭典》「曼荼羅」詞條釋義爲：

〔曼荼羅〕梵語 maṇḍala，西藏語 dkyil-hkhor。又音譯曼陀羅、曼吒羅、漫荼羅、蔓陀羅、曼拏攞、滿荼邏、滿拏囉。意譯壇、壇場、輪圓具足、聚集。印度修密法時，為防止魔眾侵入，而劃圓形、方形區域或建立土壇，有時其上畫佛、菩薩像，事畢像廢；故一般以區劃圓形或方形之地域，稱為曼荼羅，認為區域內充滿諸佛與菩薩，故亦稱為聚集、輪圓具足。在律中亦有為避不淨，而在種種場合製作曼荼羅的情形。

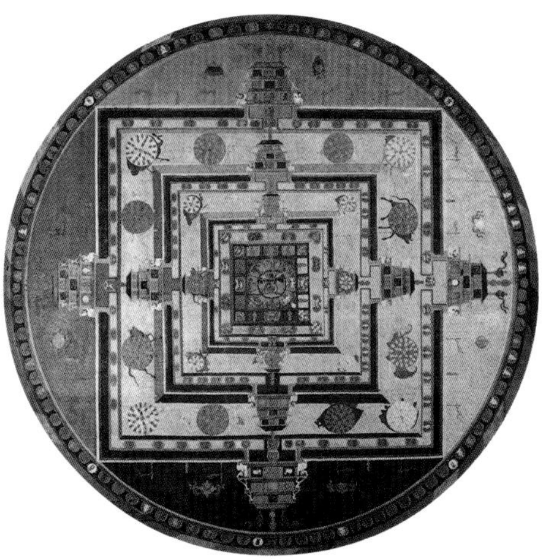

〈右圖〉方圓具全、登峰造極的時輪曼荼羅　唐卡局部　18世紀
〈左圖〉漢尚方鑑的花紋，與曼荼羅的結構近似，鑑意為鏡。　木刻版畫　西清鑑古

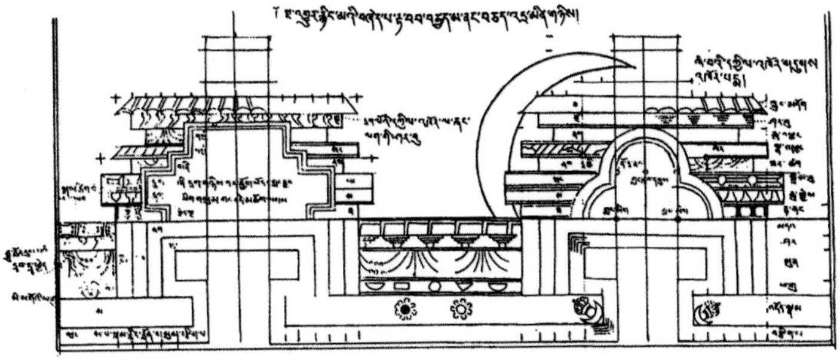

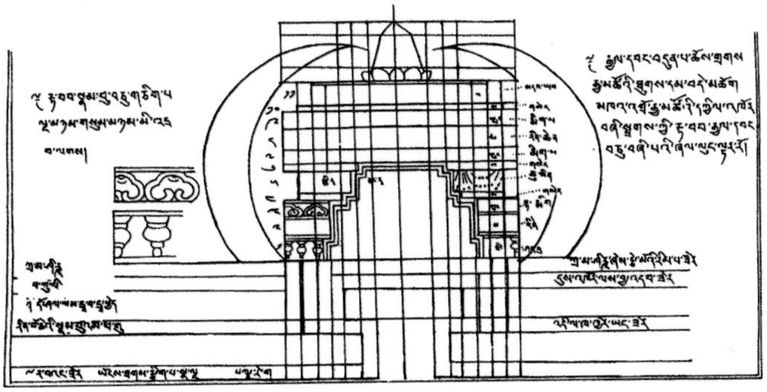

〈上圖〉母檀陀羅遏羅迦族三布吒金剛薩埵曼荼羅　影印稿　三最齋集藏

造型有圓有方的曼荼羅，井字形中央為主尊金剛薩埵雙身、四方之東方是毘盧遮那如來、南寶生如來、西阿彌陀如來、北不空成就如來；四維之東南方為我母、西南白衣佛母、西北度母、東北金剛凶暴女。

〈下圖〉噶舉巴曼荼羅繪製法本局部　19世紀　影印稿　攘炯耶樹整修

以上三則詞條，透露出四種信息：

一、曼荼羅有許多不同譯名，除了前述者外，還有曼怛羅、曼達拿等十餘種音譯名詞。我國自古沒有專職負責外語漢譯的國立編譯館，所以譯經師各譯各的；美國總統甘迺迪剛當選時，他的譯名就有甘乃迪、肯奈狄、肯尼迪、甘奈第等等。同樣道理，曼荼羅出現那麼多譯名也不足爲奇。最近有些人把梵語 maṇḍala 當做英語來讀，音譯爲「曼達拉」，算是新音譯名詞。

二、曼陀羅是花的名字。國人常把曼荼羅寫成曼陀羅，從字面上看「曼陀羅」很雅氣，可惜已爲植物的專有名詞。辭典的註釋爲：

〔曼陀羅〕花名。梵語音譯，義為悅意花。阿彌陀經：「晝時六夜，天雨曼陀羅華。」（《辭源》）

〔曼陀羅〕植物名，(1)*Datura alba*，茄科。一年生草本。高一公尺餘。秋月開花，花大，為漏斗狀。又有風茄兒、山茄子等名。(2)即山茶。（《辭海》）

說實在，曼陀羅是毒性植物，民間誤爲壯陽調經藥草，但西洋人卻拿萃取物來做幻聽幻視的亢奮劑。爲免混淆，本書不擬採用字義很美的「曼陀羅」。

三、梵語藏語都簡稱曼達、曼孥和曼荼。藏傳佛教法會經常有「獻曼達」儀式，意爲將圓滿功德獻給諸佛菩薩，以滋養有情眾生。藏文的漢譯法本，一般人把獻曼荼羅寫成獻曼達或是獻曼怛。

四、漢文舊譯「壇」或「道場」。寺院或是一般家庭陳設的大

〈右圖〉濕婆與雪山女神揚陀羅　紙繪　18 世紀　尼泊爾　揚陀羅是曼荼羅的前身，意為「法源」。上為神祇，下為該神祇的揚陀羅。

〈左圖〉方格規矩四神鏡　青銅鍍金　14.5 × 14.5cm　漢代（前 206 至 220 年）新田集藏。含青龍、白虎、朱雀、玄武等四方位靈獸紋飾的古鏡，具曼荼羅方圓與方位要素。

小佛壇，是廣義的曼荼羅，俗稱「壇城」。

曼荼羅是聖域空間藝術

本書重點不是曼荼羅的聖性或儀軌，雖然筆者長期膚淺涉獵藏傳佛教修行法，本書仍以佛教「藝術」爲範疇，是故談到佛學義理難免縱深不足，尚祈見諒。

梵語曼荼羅由曼荼（maṇḍa）和羅（la）結合而成，「曼荼」意爲中心、心髓、精髓、醍醐、甘露或本質。「羅」是接尾語，意爲所有、持有。曼荼與羅合成的語意是「持有（佛教）精髓」。佛教精髓之一是「悟」，所以是「悟法的場所」或「萬德聚集之處」。梵語「菩提曼荼羅」（Bodhi-maṇḍala）指釋迦牟尼的悟道場所。日本種智院大學教授賴富本宏博士說：曼荼羅就是「神聖空間」。

本書主題曼荼羅的藝術，說的正是聖域空間藝術。

三種意義及四種形態曼荼羅

西元第八世紀，印度佛教密宗高僧，佛陀瞿呬耶（Buddhaguhya，意譯「覺祕」。「呬」讀音如「細」）精通曼荼羅，他把眾說紛紜的曼荼羅意義歸爲三大類：

一、自性曼荼羅（svabhāvamaṇḍala）：意指恆常不變的真理，象徵佛陀悟道的曼荼羅。

二、觀想曼荼羅（bhāvyamaṇḍala）：在修行過程，讓修行者尋求體驗、觀想儀軌用的曼荼羅。

三、形象曼荼羅（lekhyamaṇḍala）：爲具象的繪畫或雕塑形態，如畫在唐卡上的曼荼羅（見《神祕的印度唐卡藝術》一書），以及畫在牆壁，或用六色沙（依濃淡再調出

文殊師利五尊曼荼羅　布繪　150 × 150cm　20世紀　陳炳煌攝影
三最齋集藏。主尊阿喇跋札納菩薩，通稱五文字菩薩。此五文字為文殊師利心咒。八瓣蓮花的東方（正下方）為東方光網童子、南具髮女、西月光童子、北多髮女，四維花瓣是四只寶瓶。

十四色）製作的沙曼荼羅等都是。

形象曼荼羅是一般人泛稱的曼荼羅，形態上又分爲四種：

①大曼荼羅（mahā-maṇḍala）：

大是五大或六大的簡稱。諸佛菩薩法體由五大：地大、水大、火大、風大、空大（或加識大成爲六大）等構成，採用代表五大的黃白紅藍綠等五種色彩，畫出諸佛菩薩功德的「尊像圖畫」，稱爲大曼荼羅，簡稱大曼。

②三昧耶曼荼羅（samaya-maṇḍala）：

三昧耶是梵語 samaya 的漢語譯音名詞。諸佛菩薩擁有或握持的錫杖、刀劍、蓮花等器物，以及含有意義的手勢印契，都稱爲三昧耶。

佛堂空間不足以供奉太多佛像，因此，有時會以諸佛菩薩的持物、法器等持印，例如觀世音菩薩的蓮花、文殊菩薩的慧劍、彌勒菩薩的寶塔、虛空藏菩薩的寶瓶或手印等的畫像做爲替代，成爲供養頂禮的對象。這些持印與手印等象徵物的圖畫或浮雕，稱爲三昧耶曼荼羅，簡稱三曼。

③法曼荼羅（dharma-maṇḍala）：

和三昧耶的表現法類似，書寫或雕繪諸佛菩薩的「種子字」、真言（即咒語）、佛的名號、佛經名稱或經文來取代佛像，稱爲法曼荼羅，簡稱法曼。

種子字略稱種字，是諸佛菩薩的代號文字。例如福建省叫做閩、湖南省簡稱湘、廣東省叫做粵，閩湘粵相當於曼荼羅裡的種子字。使用種子字表達的曼荼羅，稱爲種子字曼荼羅，簡稱種字曼荼羅，又名字輪曼荼羅，此外，還有使用佛名、經名與經文來表達的，都屬於法曼荼羅。

④羯摩曼荼羅（karma-maṇḍala）：

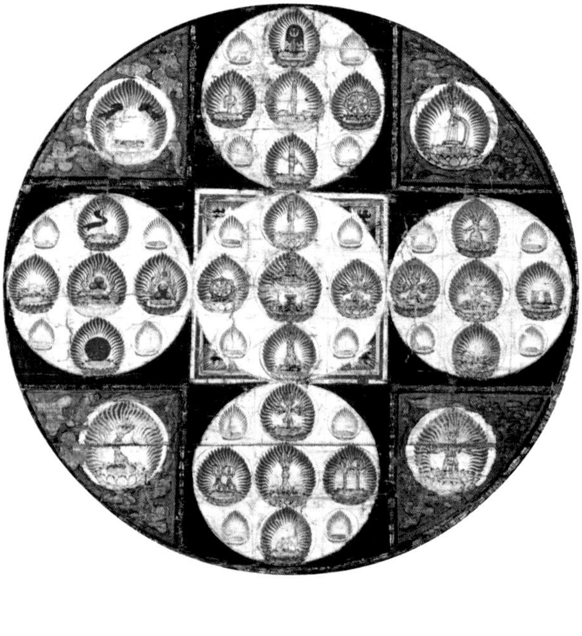

傳真言院（西院）版本降三世三昧耶會　絹繪　12世紀　日本教王護國寺　不畫諸佛菩薩形相，而畫持物或象徵物的稱為三昧耶曼荼羅。

降三世三昧耶會畫的是三昧耶形，金剛界降三世會則直接畫出諸尊法相。

為降伏過去、現在和未來三世，平息欲界、色界和無色界等三界之一切衆生天人的貪瞋癡三毒，大日如來現金剛薩埵忿怒相，降三世會諸尊都緊握雙拳結「忿怒拳印」，整幅曼荼羅充滿殺伐之氣；看到這一家人都在生氣，還真有意思。

〈上圖〉金剛界降三世會　絹繪　12 世紀　教王護國寺

〈下圖〉金剛界降三世會，主尊阿閦如來之東方（下方）月輪。

羯摩是梵語「業」（karman）的譯音，表示行為動作、意志，於此特指鑄造佛像或法器等立體物件的行為。以立體像構成曼荼羅稱為羯摩曼荼羅，簡稱羯曼。

以上四種曼荼羅並稱為「大三法羯曼荼羅」，或略稱「四曼」。

錯亂的三昧耶與種字曼荼羅

中外都有使用三昧耶形的例子。西洋人用天秤代表公平法律，中國人代表正義正法者的包公，額頭的眉月就是三昧耶形。在舞台或電視看到黑臉、額頭有眉月的人出現，不必多費唇舌，大家馬上知道是包大人來了！

紅臉、右手持青龍偃月（弦月）刀、左手拿《春秋》、一把美髯，光看他手中持印就知道是忠義千秋的關公；「忠義」正是關公的種子字。只看如意金箍棒和九齒釘鈀，就知道是孫悟空和豬八戒；看到寶塔和風火輪，就知道是托塔天王李靖和哪吒父子，這些都是我們耳熟能詳的事物。

然而，萬一碰到生疏的三昧耶形和種子字，就傷腦筋了。

三芝「龍巖」的「大雄寶殿」，供奉的是雄偉的「三世佛」，卻將之訛稱為「三寶殿」與「三寶佛」。三寶（tri-ratna 或 ratna-traya）是佛寶、法寶與僧寶等威德至高無上的三大至寶。把三世佛視為佛寶佛、法寶佛和僧寶佛之三寶佛，可能是出於心生敬仰，才特地給予的尊稱，但這反而是弄巧成拙了。

三世佛有二種組合，一是東方世界藥師佛、中央世界釋迦牟尼佛、西方世界阿彌陀佛，這裡說的「世」乃指空間的世界。另一組是過去世迦葉佛、現在世釋

〈上圖〉龍巖「大雄寶殿．三世佛」，被訛稱三寶殿三寶佛。

〈左圖〉彌勒佛，被誤為阿彌陀佛，背光處刻了彌陀心咒。

迦牟尼佛、未來世彌勒佛，這裡說的「世」意為時間的世界。

塑造三世佛的工匠，大概弄不清楚是什麼三世佛，即隨興把手托寶塔的未來世界彌勒佛，誤為西方世界阿彌陀佛，在背光的地方，用彆扭謬誤的藏文，刻上阿彌陀佛的心咒和種子字；在釋迦牟尼佛的背光處，刻了文殊菩薩的咒語和種子字。由於看不懂藏文，以致疏忽而造成了錯誤。

不只龍巖有此無心之過，筆者的收藏之中，也有畫家疏忽三昧耶形寶塔的真義，把彌勒佛誤為藥師琉璃光佛的作品。緣於諸佛菩薩數量屈指難數，三昧耶形和種子字多如天星，發現錯置時，只能說是在所難免，犯不著太在意這種偶發過失。

達賴喇嘛說曼荼羅醍醐

達賴喇嘛十四世丹增嘉措說：曼荼羅有彩繪曼荼羅（即大曼荼羅）、禪定曼荼羅（觀想曼荼羅）、彩沙曼荼羅、一般菩提心曼荼羅（世俗曼荼羅），以及究竟菩提心曼荼羅（勝義曼荼羅）等。他語重心長地說：「曼荼羅讓我們擁有人生醍醐勝境。它不是要讓我們觀看欣賞的，而是要我們走進它裡面，擷取精華，獲取加持證悟。」

佛教藝術諸多醍醐，曼荼羅正是其中之一。

佛光山大雄寶殿三方佛
〈上圖〉西方阿彌陀佛　中圖：中央釋迦牟尼佛　下圖：東方藥師佛

【曼荼羅孿生姊妹揚陀羅】

佛教密宗比顯宗更早存在

觀看世界地圖，上面畫的縱線是經線，橫線是緯線。在以前手工織布時代，織的是直紗和橫紗，而以直紗的經線爲主，橫紗的緯線爲副。在經線與經線之間，用木梭牽引緯線，「貫穿」所有經線，才織出完美布疋。

經線梵文 tantra，音譯檀陀羅或怛特羅，漢譯密宗經典或密續。緯線的梵文 sūtra，音譯蘇多羅，漢譯佛經的經。梵文「緯線」有貫穿、連綴之意，漢文譯爲「經」，取「貫穿諸法而歷古今恆常不斷」、「連綴文義不散」的本意。儘管如此，爲何不將梵文中以「緯」稱呼的典籍譯爲「佛緯」呢？在第二章【曼荼羅與真言宗檀陀羅】一節中，將有較詳細的解釋。

此處的重點在於說明，在印度，經——檀陀羅——的思想起源，比緯——蘇多羅——來得早，也就是說，密宗思想的起源比顯宗思想來得早。什麼叫做檀陀羅呢？這不是三言兩語所能解釋清楚的，最簡單的釋意是：「將思想具體化、把空談行動化，事事身體力行，就是檀陀羅。」

縱然什麼都沒有做，光是「想」也要想一些實際的東西，而不是恍惚茫然地想，這是密宗式的觀想。相對於必須具體想些什麼的密宗式觀想，顯宗式的瞑想則是把一切都放下，什麼都不去想。這是兩者的差別。

〈右圖〉千手千眼觀自在菩薩藻井　晚唐　敦煌第１６１窟
〈左圖〉四方佛藻井　晚唐　敦煌第１４窟　東方（下方）香積世界阿閦佛、南歡喜世界寶相佛、西安樂世界無量壽佛、北蓮華莊嚴世界微妙聲佛等，為阿閦、寶生、阿彌陀和不空成就佛的前身。

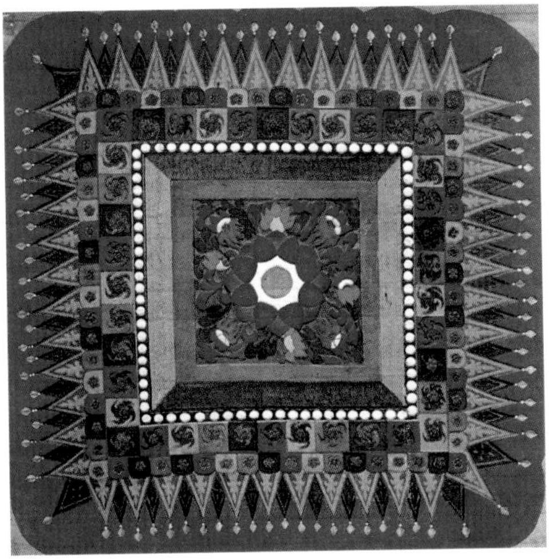

2

1

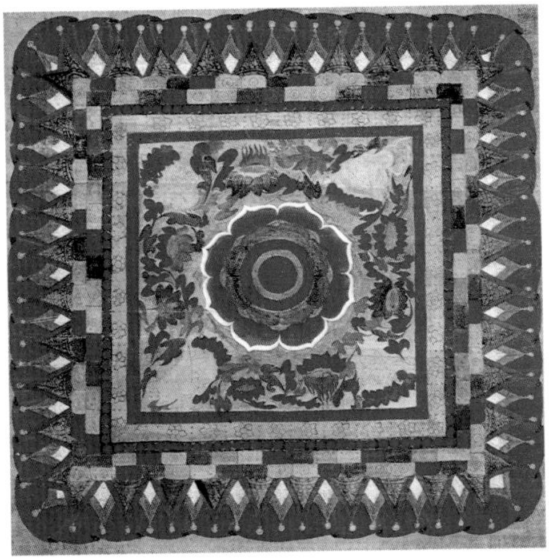

4

3

5

張大千於敦煌石窟臨摹的窟頂藻井曼荼羅圖案。原作年代如下：
1 北周　2 西魏　3 隋代　4 北魏　5 初唐

抽象幾何圖形具象神祕護符

實行密宗式觀想，必須具體想些什麼。具體去想之前，要先對觀想對象有深刻印象，於是產生了可以隨身攜帶、隨時觀看的繪畫，成爲曼荼羅與唐卡的前身。在這之前，被廣泛使用的是「揚陀羅」，爲圖解繪畫的極致。

宗教類圖解繪畫，免不了在有心人的操弄下，被覆上濃厚的神祕色彩，讓大家相信圖形愈難懂，含藏的法力愈高強。例如台灣民間信仰中的乩童，他們寫的文字和圖形沒人看得懂，但卻代表權威十足的神諭，因此虔誠信徒只要拿到它們，便會捧在手心，當做神賜護符貼身存放。在印度，這些蘊藏法力的抽象圖騰，也被信徒奉爲禳災招福的護符，它們被稱爲揚陀羅。

漢文佛經找不到「揚陀羅」的音譯名詞，這是近代的譯名，或譯爲揚特羅、仰吐拉，梵文 yantra，漢譯爲：弶、槎與磑等。

①弶，讀音匠，爲補捉野獸用的網子。

②槎，讀音如查，歧出的樹木枝椏。

③磑，讀音位，研磨用的石器。

除此之外，梵文原義的其他含意還有：捕捉野獸的機關、繼續維持現狀的方法、幫助開悟的有力補助手段或道具、幾何學圖形、（當做護符的）神祕圖形、護符。

最貼切的是最後三項：護符、當做護符的神祕圖形或幾何圖形。《勝樂輪檀陀羅》註釋書《吉祥大悲勝樂檀陀羅王 Śrī-mahāsaṃvarodaya-tantrarāja》第十品內容就是「配合護符 yantra 運用的咒語」。印度教毘瑟笯派五日連續系聖典大全《五日連續法鬘》（Pañcarātra-saṃhitā），闢有專章教導揚陀羅與

〈右圖〉國人百事不順遂，就在門楣掛「太極八卦圖」驅邪招吉。

〈左圖〉源自古埃及的西洋中世紀「驅魔五芒星」（pentagram），和揚陀羅三角形結構不謀而合。

大寫 T 字法源　紙繪　3 世紀初　德國貝托爾德（Berthold）典禮書
隱藏在五個揚陀羅螺旋裡的大寫 T 字，代表體內流動的能量。大旋渦是心臟，與四個小旋渦構成宇宙。宇宙軸上方有法源依據的耶穌君臨天下，保護基督徒。

曼荼羅的製作法。這二部經典都把揚陀羅視為「護符」，包含抽象幾何圖形與具象神像。揚陀羅功能雖然和曼荼羅大同小異，卻有二項明顯差異：

①揚陀羅比曼荼羅含有更強烈的護符要素，以及觀想修行要素。

②在視覺上，揚陀羅比曼荼羅更重視幾何圖形。

最殊勝的幾何圖形護身符

涉獵過印度藝術，或對揚陀羅與曼荼羅美術有興趣的人，聽到揚陀羅，自然而然聯想到「室利揚陀羅」（Śrī-yantra）。

室利是梵文 śrī 的譯音，本意為吉祥、妙德、功德和勝妙色等。印度教徒說到室利時，多半指室利天女，又名水蓮天女（貝瑪天女），為印度教三大主神之維持神毘瑟笯的妃子。佛教吸納毘瑟笯為神祇之後，室利天女成為佛教神祇一員，名為吉祥天女、功德天女、自在天妃或那羅延天妃。攜帶吉祥天女護符的人，會幸運連連及豐穰富裕。

不過，「室利揚陀羅」並不是以室利天女為主尊的揚陀羅，在這裡的室利是指印度教濕婆派和鑠乞怛派（Śākta・性力派）的性力至上主張，是勝一切、殊勝、最尊貴的意思，室利揚陀羅意即「最殊勝的幾何圖形護符」。

多數揚陀羅沒有具體神像的線畫幾何圖形，原因是濕婆派和鑠乞怛派的宗教觀，不願意讓非教徒看見神祇容貌。其他派系並沒

〈右圖〉祈請羅剎女袚除不祥的除人怨陰靈護符　木刻版畫　三最齋集藏
〈左圖〉無量壽佛心曼荼羅護符　木刻版畫　三最齋集藏

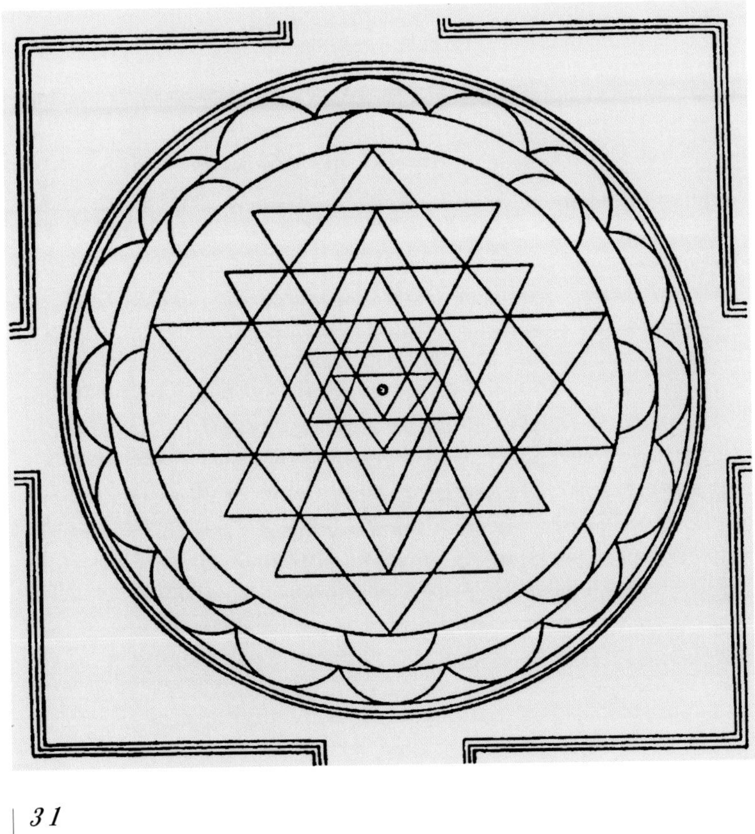

〈上圖〉種子字吽　蔡東照繪　自上而下是歡喜點、空點、莊嚴點（月牙），下方文字讀音如呼，四者構成「吽」字。通常歡喜點會和空點連在一起，稱為歡喜空點。

〈下圖〉室利揚陀羅結構圖　蔡東照繪　法源宮中間的小黑點不是實心黑點，而是歡喜空點。

有這樣的顧忌。眼看別派的曼荼羅大受歡迎，力求解禁的畫家才把神像畫進揚陀羅裡面。

四吉祥頸與五濕婆少女

注意看幾何圖形的室利揚陀羅，會發現它由許多或大或小的等邊三角形構成，清晰可見的是有九個與水平線平行的大三角形，是由四個頂端向上的正三角形，與五個頂端向下的倒三角形所構成。印度教著名讚嘆文學《優雅巨浪》（sundaryalaharī）第十一偈，對室利揚陀羅圖形做了這樣的說明：「九個三角形是九根源本質，代表五濕婆少女和四吉祥頸。」

四吉祥頸和五濕婆少女是「隱語」，印度教和藏傳佛教無上瑜伽檀陀羅很喜歡使用隱語，本書在後面章節還會提到。隱語是暗語或不讓外人聽懂的黑話，例如清末民初的洪幫會員，到小館子用餐時，對掌櫃或堂倌說：「來雙關公赤兔馬。」設若掌櫃沒聽懂，自然會追問到底要什麼?假如掌櫃馬上送來一雙筷子，就表明他也是洪幫一員，聽得懂隱語。關公赤兔馬奔馳神速無比，用赤兔馬隱喻快，再諧音筷，這是洪幫自己人才聽得懂的雙重隱語。

「五濕婆少女」隱喻皮膚、血、肉、脂肪與骨頭；也隱喻地水火風空、眼耳鼻舌身。「四吉祥頸」隱喻骨髓、精液、體內流動的氣和精神，吉祥頸是濕婆

室利天女　印刷品
24.6×18.5cm　20世紀　三最齋集藏

十六蓮瓣室利揚陀羅　布繪　36.5×36.5cm　20世紀　尼泊爾

神的「隱喻名字」。正四反五的九個大三角形加在一起，構成人體的小宇宙，稱爲「九母胎」，進一步衍生出「四十三胎兒」。

《優雅巨浪》第十一偈又說：「九根源有四十三住處。外側毘首蓮花，由八瓣和十六瓣結合而成。再外側有圓形三色線，更外側有方形三色線，住處有四十三。」住處是隱語，意指神祇所在之處。九個大三角形，交錯組合出四十三個小三角形（其實有四十九個。四個向上、二個向下的三角形不被列入）。其中有二十個頂點在上的三角形，代表男性原理（空無）、二十三個頂點在下的代表女性原理（喜樂），兩性原理融合在一起，即進入樂空雙運境界。

室利揚陀羅幾何形正中央有個很小的黑點，是智慧熾燃的「滴」，又名梵點或樂生點，爲大樂的精髓或種籽，代表宇宙一切萬物的根源。有的書籍把揚陀羅縮得很小，滴隨著縮小到被誤以爲是個印刷髒點，其實它才是揚陀羅最重要的精髓。

第十一偈其實是指導畫家如何繪製揚陀羅，以及在什麼地方安置神祇。所謂九根源、四吉祥頸和五濕婆少女，是教導修行者觀想揚陀羅時，如何控制氣脈明點，使物質原素及微細原素在感覺器官和行動器官中暢通無阻。揚陀羅的隱語太多，加上幾何形線條看起來很冷漠，以致受歡迎的程度遠遠落在曼荼羅之後，並且日漸被曼荼羅取代，非常可惜。

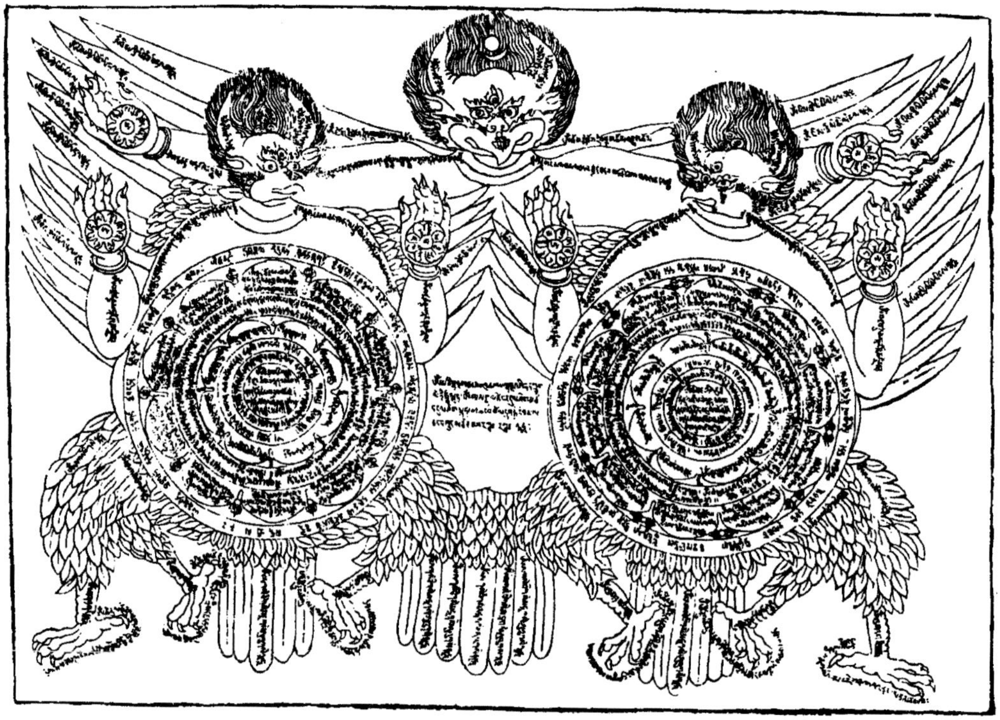

防瘴癘毒害護符　木刻版畫　三最齋集藏

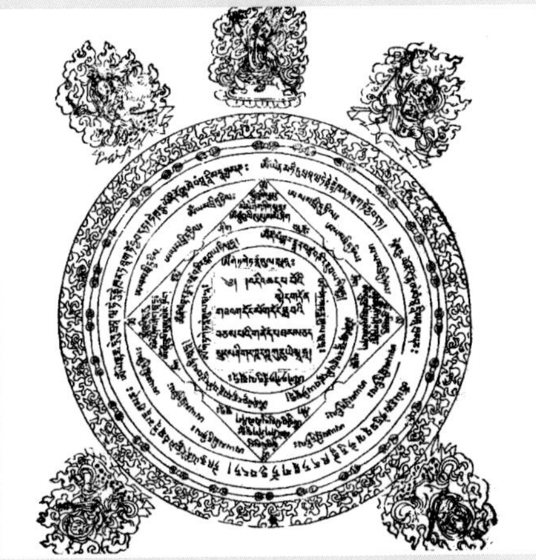

2

1

4

3

6

5

各種不同造型揚陀羅護符　木刻版畫　17世紀　　三最齋集藏
1　護輪護符　2　祛中風護符　3　金剛手護符　4　萬年擁護吉祥輪護符　5　大保安擁護輪護符　6　吉祥卻敵大明天母護符

【曼荼羅的菟絲女蘿蔓藤】

吠陀時代曼荼羅

要談佛教藝術和文學，非得先談代表印度宗教哲學與文學基礎的《四部吠陀》（catur-veda）不可。「吠陀」是古代印度傳統思想，也是婆羅門教根本聖典、祭祀讚頌儀式的百科全書。吠陀意譯智論、明論或是無對，整體可以區分為四大部：

一、梨俱吠陀（Rg-veda・梨俱吠陀），意譯讚頌明論、讚誦智論或讚歌明論，讓迎請神祇的「燒施祭司」，對諸神威儀進行讚頌的祈請文。「曼荼羅」一詞最早出現於梨俱吠陀，為其中一個單元，當時談的僅是造壇迎神方法，和現在的曼荼羅定義還有一段距離。

二、娑摩吠陀（Sāma-veda・沙摩吠陀），意譯禮儀美言智論、作明美言明論、歌詠明論。是「詠唱祭司」迎請諸神安坐，對諸神功德的讚頌文。

三、夜珠吠陀（Yajur-veda・夜柔吠陀），意譯祭祀明論、作明供施明論。負責齋供祭典的「供犧祭司」，對諸神唱誦的祭祀文、祈請文和咒文。

四、阿闥婆吠陀（Atharva-veda・阿達婆吠陀），意譯禳災明論。阿闥婆意為禳災，特指以火供燒施儀式進行禳災法，由具備息災、增益能力的婆羅門（brahman、總監祭司）主持火供；古印度教被稱為婆羅門教即源於此。

《四部吠陀》又各自分為本集（Saṃhitā）、梵書（Brāhmaṇa）、森林

瀑布　M. C. Escher繪
請注意圖中違反邏輯的水流動向，趣味含藏其中。

書（Āraṇyaka）和奧義書（Upaniṣad・吠陀終極書）等四部分。

曼荼羅與燒施形同手足

印度天啓文學（cruti，受上天啓示而得以完成的文學）之四部吠陀，起源於西元前三千年，到西元前八百年才定型。這二千多年時間，曼荼羅以非常緩慢的腳步，一絲絲、一點點地逐次加重宗教和藝術方面的份量。

祭典迎請神祇下凡之前，要先爲諸神設置「壇城」（曼荼羅）。取泥土、牛糞、牛尿和牛奶等混雜攪拌，鋪設高出地面約十公分的平台，當做諸佛菩薩的宮殿。接著，舉行燒施火供、念誦咒語去除疾病苦難、祛邪招福或降災給敵人；最常見的是爲乾旱地區農民祈雨。儀式結束就毀掉壇城，以示萬法歸宗、回復自然。

西元前五世紀，佛教崛起。釋迦牟尼對繁文縟節、充滿不確定因素的火供儀軌不以爲然。他一再鼓吹正見、正思惟、正語、正業、正命、正精進、正念和正定等八正道，反對重視現世利益、不正、不解、不達的火供，並且禁止信徒念誦咒語。

釋迦牟尼在西元前三八〇年前後去世。過不了多久，婆羅門教轉型爲印度教，於西元前四世紀興盛。與此同時，在西元前三二七年，馬其頓的亞歷山大大帝決心征服「未知之地」印度，在翌年春天率大軍攻到印度河流域，原本打算繼續向東揮軍，佔領他心目中「世界的盡頭：印度」，可惜兵疲馬憊，改爲沿著印度河向南推進，使印度本土免於淪爲馬其頓帝國版圖的浩劫。

〈右圖〉台中聖德禪寺準備火供用的供品
〈左圖〉直貢法王主持火供，供品撒向護摩爐

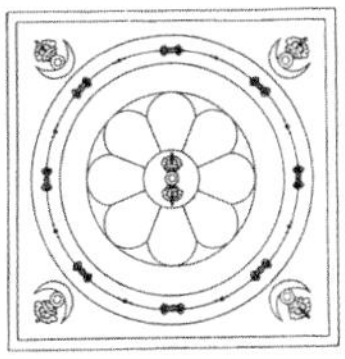

1

2

3

4

〈右四圖〉四種主要護摩法與護摩爐： 1 息災法（œāntika）護摩爐 以佛部為本尊，用白色圓形爐焚燒甘木。 2 敬愛鉤召法（vaœīkarana）護摩爐 以蓮華部為本尊，用紅色半圓形爐焚燒花木。 3 調伏法（abhicāraka）護摩爐 以金剛部為本尊，用黑色壇三角形爐焚燒苦木。 4 增益法（pustika）護摩爐 以寶部為本尊，用黃色方形爐焚燒果木。

〈左圖〉尊勝曼荼羅 絹繪 118×58.1cm 13世紀 高野山寶壽寺 修尊勝法可息災、增益、滅罪和安產。尊勝佛頂周圍由井字形上方左旋為放光、發生、白傘蓋、勝、尊勝、廣生、最勝和無邊聲等八大佛頂。下方左起為不動明王、火舍供養壇、降三世明王。

曼荼羅與火供和佛像

釋迦牟尼禁止佛教徒雕塑、繪製他的或是諸佛菩薩的容貌來頂禮膜拜，還強調縱使他去世了，照樣不准許。亞歷山大大帝的軍隊班師回朝時，有些從事繪畫雕塑的軍人留下來定居，他們體內流著藝術家血液，毫不在意佛教禁忌，於「西元一世紀」淋漓盡致地雕塑諸佛菩薩像；幸好有這批肆無忌憚的藝術家，否則就沒有今天的佛教美術，遑論曼荼羅藝術了。

基於以上史實，若有人說他收藏了「西元前」的「希臘風」佛教藝術品的話，以贗品視之並不爲過。基督教、回教也與佛教相同，禁止崇拜偶像，不准爲主神和教主塑像。只不過佛教的崇拜偶像禁令被希臘藝術家打破，基督教與回教則堅持到底、未曾妥協。

西元七一一年，伊拉克總督派遣穆罕默德・賓嘉西，率領遠征軍攻打到印度「信地」（Sind，巴基斯坦境內東南方）。回教不准爲真神與教祖塑像，當然更不准轄境出現釋迦牟尼與諸佛菩薩塑像，回教軍隊侵佔信地之後的第一件事，就是盡其所能毀掉看得見的佛像。而在二十一世紀最惡名昭彰的，就是炸燬已經被毀容的巴米揚大佛像，令人扼腕。

回教軍隊攻掠印度，帶來兵災，使得民不聊生。面對回教徒破壞佛像，印度教徒和佛教徒在怨懟之餘，積極塑造容易隱藏的小神像，並利用體積很小的曼荼羅壇城舉行火供祈福禳解，請求神祇賜福躲過回教軍隊的殘暴蹂躪。自此以後，佛像、曼荼羅和火供，三者如菟絲附女蘿，在印度佛教末期互相糾葛在一起，成爲各式各樣儀軌之中不可或缺的鐵三角。

耶穌曼荼羅　瑞士心理學家容格（Carl Gustav Jung）說，這幅十六世紀的義大利繪畫，心輪有主尊，外輪有火炎輪，四維有天使，構成耶穌曼荼羅。

先知穆罕默德
伊斯蘭教不准畫先知聖像，畫家用布幔遮住穆罕默德臉部，以示尊敬。本圖中，火佔很大份量。

曼荼羅的DNA

世間萬物都有成形的基礎。比如說，所有物質都是由原子構成。原子是構成物質的最小單位，而原子又由原子核與電子構成。

又比如說，構成我們「生命」的最主要因素是蛋白質。身體裡面除了水份佔百分之四十之外，其餘百分之六十爲蛋白質。總數十萬多種蛋白質，由二十種胺基酸構成。蛋白質的形成又受到含在DNA內約三十億個基因體控制。由此可知，很多事物的基礎因素不能簡約爲單一因素。

曼荼羅的情況亦如是，單一尊像不是曼荼羅，至少要三尊才算數。希臘藝術家製作佛像，起先以單尊像爲主：單尊釋迦牟尼佛、單尊阿彌陀佛或觀自在菩薩等。其後才有雙尊及多尊出現。台北故宮博物院向日本新田集藏收購的「釋迦多寶像」，是釋迦牟尼佛和多寶佛爲一組。

剛開始，出現最多的是三尊像。以釋迦牟尼佛爲主尊的，有與弟子大迦葉與阿難的釋迦三尊像，以及與弟子舍利弗和目犍連在一起的釋迦三尊像。釋迦牟尼佛還有與蓮華手（觀自在菩薩）和金剛手（大勢至菩薩）與阿彌陀佛和藥師佛、飲光佛（迦葉佛）和彌勒菩薩等的釋迦三尊像。

釋迦牟尼佛之外的三尊像有「彌陀三尊」：阿彌陀佛與觀自在菩薩、大勢至菩薩。「藥師三尊」：藥師琉璃光佛、日光遍照菩薩和月光遍照菩薩等。

越過三尊像的思考，陸續出現四尊、五尊、七尊……，甚至超過百尊以上的群組，使曼荼羅內涵更豐富與多樣化。雖然有上百尊的群組，但是曼荼羅的「生命基礎DNA」離不開五佛和五佛母，所表達的思想基礎，總是環繞五識五智和五大（地水火風空），實踐基礎無非是六波羅蜜菩薩行。

釋迦多寶佛併坐像　青銅鍍金　中國隋代

2

1

4

3

各種三尊像與五尊像：

1 釋迦大勢至觀音三尊像　紅砂岩　73 × 50 × 16cm　2世紀　新德里國立博物館
秣菟羅石雕精品代表作之一。釋迦牟尼佛脅侍大勢至菩薩（左）和觀自在菩薩，後來變成阿彌陀佛眷屬。

2 釋迦彌勒觀音三尊像　片岩　高41cm　4世紀　印度犍陀羅

3 阿彌陀佛三尊像（局部）　布繪　13世紀　中西藏　左起蓮華手（觀自在）菩薩、無量壽（阿彌陀）佛、金剛手（大勢至）菩薩。

4 釋迦五尊像　壁畫　敦煌第220窟　罕見的五尊像。左起觀自在菩薩、阿難、釋迦 牟尼佛、大迦葉和大勢至菩薩。

貳・須彌山器世間曼荼羅

【九山八海巍然浩瀚】

須彌世界四大洲八中洲

要了解曼荼羅美術，必須先認識「須彌世界」。須彌（Sumeru）源自古印度宇宙思想體系。古代印度人的世界觀與中世紀歐洲人一樣，只有「地」而無「球」。印度人概念中的世界是廣大無垠的平地，中央有座須彌山，周圍有四大洲、八中洲與二千小洲，再加上九山八海一起構成「須彌世界」，其中和我們息息相關的是四大洲和八中洲：

一、東勝身洲（Pūrva-videha）又名東弗婆提、東毘提訶或東弗于逮，簡稱勝身洲，為「住在東方，人長相很特殊的地方」。土地極廣、極大、極妙。地形是半月形，人臉也是半月形。

左右側有二個「中洲」和五百個小洲散處各地。二中洲是身洲（Deha・提訶）和勝身洲（Videha・毘提訶）。

二、南贍部洲（Jambu-dvīpa）原名南閻浮提。贍部是蒲桃樹之譯音。意為「在南邊，生長蒲桃樹的地方」。這裡的人富有「人性」，懂得分辨善惡是非。地形很像車篷，人臉也是如此。我們就是居住在南贍部洲，這地方南方多象、北方多馬、西方多寶、東方多的是有氣質之人。

穿過空氣層進入次元世界的學者　銅版畫
1500年左右

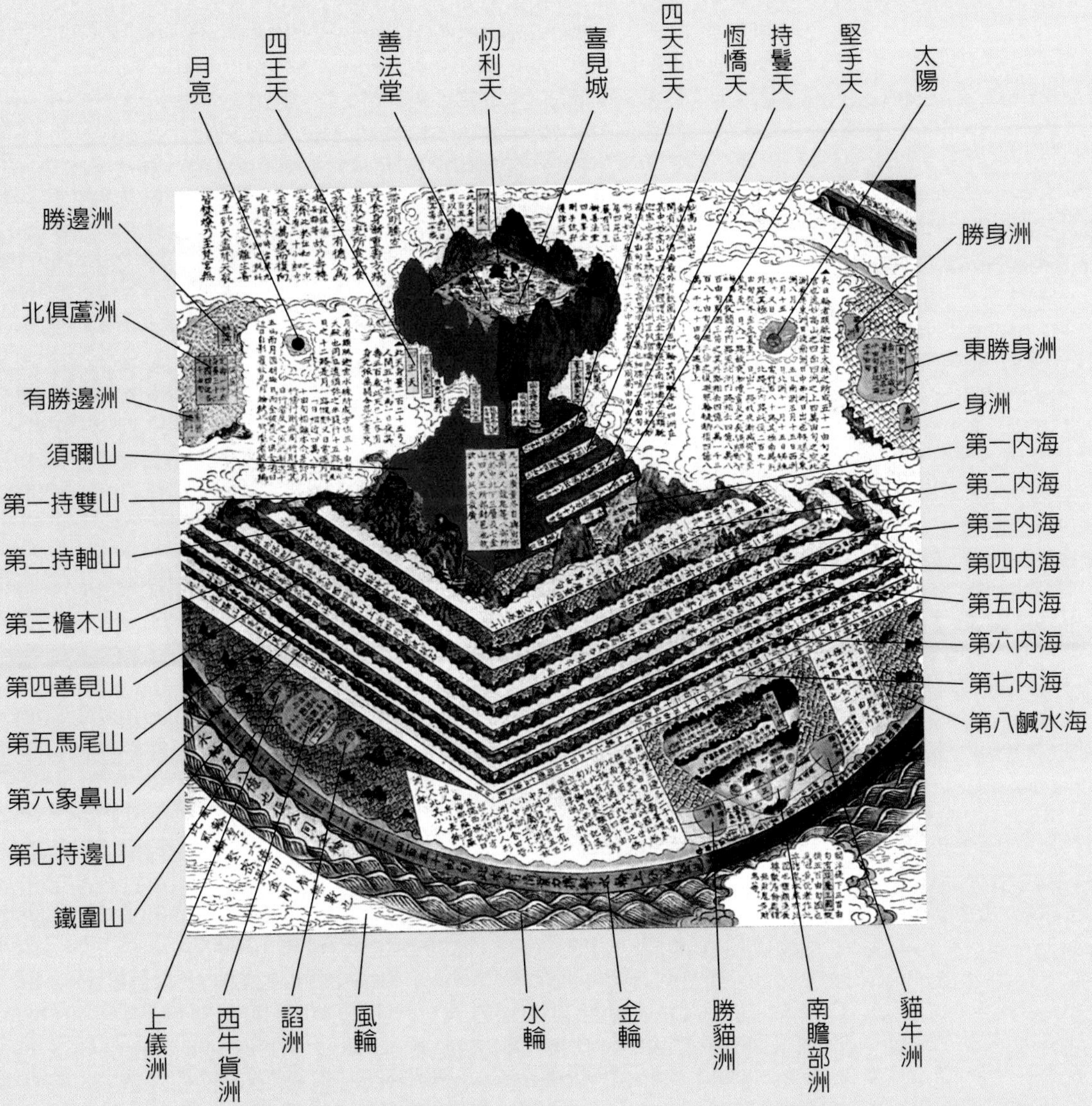

世界大相圖　木板彩繪局部　19世紀　日本龍谷大學圖書館

左右有二中洲並有五百個小洲。二中洲是貓牛洲（Cāmara・遮末羅）和勝貓牛洲（Varacāmara・筏羅遮末羅）。

三、西牛貨洲（Apara-godānīya）舊譯西瞿耶尼，意爲「在西方，以牛墟牛販爲營生的地方」。有很多牛羊以及金銀財寶。地形和人臉都像滿月。左右有二個中洲和五百個小洲。這兩個二中洲是諂洲（Sāṭha・舍諦）和上儀洲（Uttaramantrīṇa・嗢怛羅曼怛里拏）。

四、北俱盧洲（Uttara-kuru）舊譯北鬱單越。俱盧是勝處，意爲「在北方，勝過前述三洲的地方」。這裡的人很悠閒、無憂無慮。地形是正方形，人臉與此相彷。有二中洲、五百個小洲。二中洲是勝邊洲（Kurava・矩拉婆洲）和有勝邊洲（Kaurava・憍拉婆洲）。

四大洲、八中洲與二千小洲，都位於「九山」之持邊山和鐵圍山環繞住的汪洋鹹海裡面。

九山八海功德水

古印度人認爲一個世界由一組九山和八海構成。佛教沿襲婆羅門教傳說，揭櫫九山八海觀念。九山不像玉山、陽明山或五台山那麼單純概念的山，而是中央有一座上窮碧落下黃泉的須彌山，周圍環繞八座綿亙有如城牆的圓形（有的經典說是四方形）山脈，自「第一山」須彌山往外看，依次是：第二山：持雙山（Yugandhāra），四邊各有二座大山，又名雙持山，八座山綿亙於一體，音譯遊乾陀羅、遊犍陀羅、踰健達羅。

第三山：持軸山（Īṣādhara），山峰聳立如車軸，似乎可以執持而起，又名

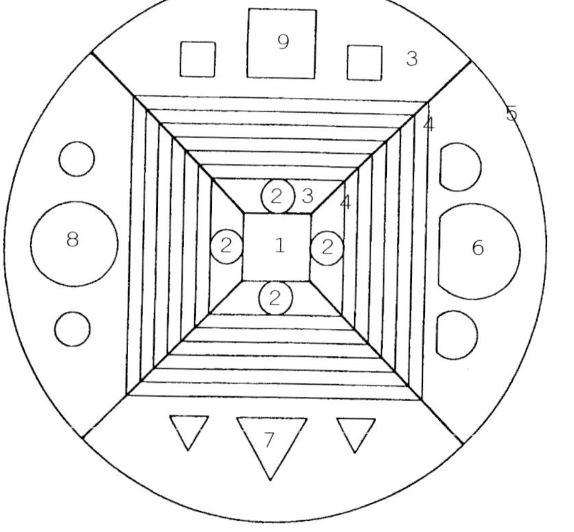

須彌世界四大洲與四天　蔡東照繪
1 須彌世界　2 四天王天　3 第一海到第八海　4 第一山到第七山　5 鐵圍山　6 半圓形東勝身洲　7 三角形（或梯形或鏟形）南贍部洲　8 圓形西牛貨洲　9 四方形北俱盧洲

須彌山十六空行母　布繪唐卡　95 × 68.5cm　19世紀　西藏
中央須彌山東面的白晶石，上方有十六空行母圍繞護境。下方是七金山、八功德水、四大洲之東勝身洲、輪王八寶和五欲供養。

自在持山，音譯伊沙陀羅、伊沙馱羅、伊沙多。

第四山：檐木山（Khadiraka），山峰長滿寶樹，形狀如檐木，又名空破山，音譯佉提羅、朅地洛迦、佉得羅柯。

第五山：善見山（Sudarśana），凡是看過此山之美的，無不稱善，音譯修騰娑羅、蘇達梨舍那。

第六山：馬耳山（Aśvakarṇa），山峰形狀簡直與馬耳朵無異，又名馬半頭山，音譯頞濕婆羯拏、阿輸割那。

第七山：象鼻山（Vinataka），山形有如象鼻，又名障礙山，音譯毘那多迦、毘那耶迦、毘泥怛迦那。

第八山：持邊山（Nimiṃdhara），山鋒尖尖如「持邊魚」的嘴巴，又名持地山，音譯尼民陀羅、尼民馱羅、彌民達羅、尼民達羅。

以上第二山到第八山合稱「七金山」。

第九山：鐵圍山（Cakravāḍa），位在世界——也可說是海洋的最邊緣。第一山到第八山都是方形（或圓形），鐵圍山則是圓形，故又名輪圍山，音譯斫迦羅、斫訖羅、遮迦和。

九山之間有八圈海洋，各以圈內的山名為水名，第一圈須彌海，第二圈持雙海，依此類推。鐵圍山在世界最外圍，更外側乃空無一物，所以總共有八海。前七海是真水海(即淡水海)，屬於內海。第八海是鹹海，屬於外海。前七海的海水叫做七香水，與第八海的海水並稱八功德水。

內方外圓（或是內圓外圓）的九山八海，是曼荼羅美術基本圖形。古代東洋與西洋神話及宗教哲學思想中，世界有天與地的立體空間，但是地不是立體形

須彌山三十三天都城全景　木版畫　三最齋集藏

三十三天（Trāyastrijœat-deva）又名忉利天，四維各有高五百由旬山峰。帝釋天住在中央殊勝殿，城外四方各有如意池和林苑。東北有圓生樹，西南有善法堂。四方各有八城，加上境內二十五座都城，合為三十三「天城」，略稱三十三天。

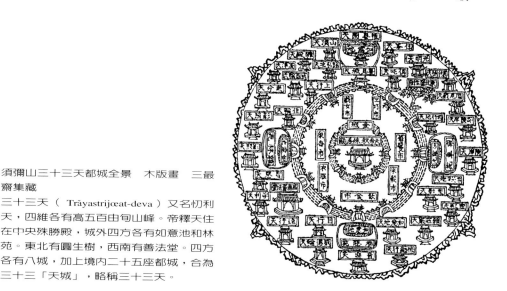

狀，而是平面的。中世紀基督教與回教的宇宙觀，都不能接受地是立體形狀的說法，對印度曼荼羅美術的立體世界圖像總是嗤之以鼻。到近代天文地理科學發達之後，才發現曼荼羅美術的世界觀，是非常前進的思想。

須彌山與空居天

九山八海的正中央是須彌山，音譯蘇迷盧、修迷樓，須彌盧、須彌留，簡稱彌樓（Meru），意譯妙高山、好光山、好高山、善高山、善積山、妙光山等。龍樹菩薩著、後秦鳩摩羅什譯《大智度論》說：「它的海底由四種熾然光明大寶構成，所有稱爲妙；它蓋世出眾，群山無與倫比，所有稱爲高。」

須彌山東面是白晶石、南藍琉璃、西紅寶珠、北純黃金。高出水面八萬由旬（yojana），每「由旬」等於八點五公里，故爲海拔六十八萬公里。從圖表可知，自海平面以上，共有三十三層「天」。於此，「天」之定義是一群同階級的神，共同居住的一個層面空間。

四大王眾天與三十三天，位在須彌山的山腰及山頂，稱爲「地居天」。夜摩天以上有二十天，都位在空中，稱爲「空居天」。天的位置愈上方，面積愈大、宮殿愈廣、居住者身體愈大、壽命愈長；可見天是倒三角形。

諸天之中，與曼荼羅藝術關係比較密切的，是位在須彌山峰頂的三十三天（Trāyastriṃśat-deva），很多人誤以爲此處位於天的「第三十三層」，其實是位於天的第二層天（可比喻爲二樓。一樓住戶爲四大天王）。四面各有八座城，加上中央主城，合計三十三座城

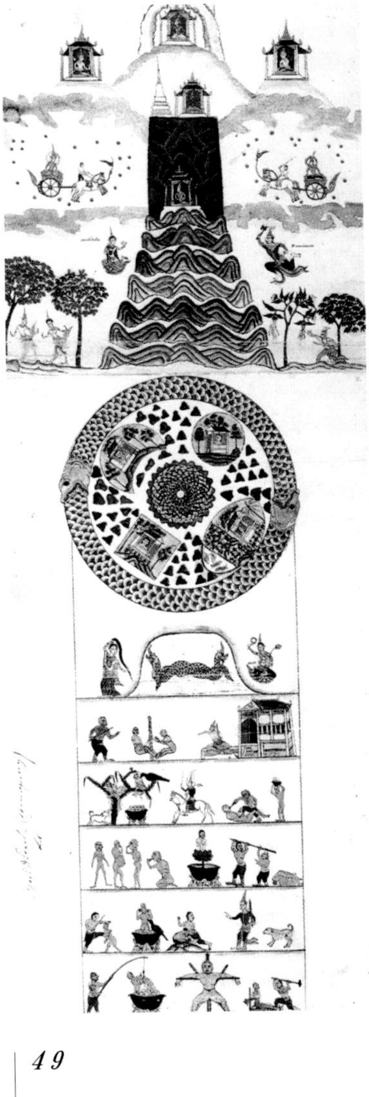

須彌山宇宙觀　紙繪局部　19世紀　泰國
中間圓形為九山八海、四大洲及軸心須彌山。上方為須彌山立面圖，下為地獄。本圖上方還有六欲天及色界、下方有五層地獄。

池，故名三十三天。爲免誤以爲是三十三樓，有時稱爲多羅夜登陵舍天，通常簡稱「忉利天」或多羅利天。

須彌世界之天界

天界				面積	海平面高度
空居天	色界	四禪天	色究竟天	大千世界	167,772,160,000
			善見天	大千世界	83,886,080,000
			善現天	大千世界	41,943,040,000
			無熱天	大千世界	20,971,520,000
			無煩天	大千世界	10,485,760,000
			廣果天	大千世界	5,242,880,000
			福生天	大千世界	2,621,440,000
			無雲天	大千世界	1,310,720,000
		三禪天	遍淨天	中千世界	655,360,000
			無量淨天	中千世界	327,680,000
			少淨天	中千世界	163,840,000
		二禪天	極光淨天	小千世界	81,920,000
			無量光天	小千世界	40,960,000
			少光天	小千世界	20,480,000
		初禪天	大梵天	四洲	10,240,000
			梵輔天	四洲	5,120,000
			梵眾天	四洲	2,560,000
	欲界	六欲天	他化自在天	$80,000^2$	1,280,000
			樂變化天	$80,000^2$	640,000
			兜率天	$80,000^2$	320,000
			夜摩天	$80,000^2$	160,000
地居天			三十三天	$80,000^2$	80,000
			四大王天	$80,000^2$	40,000
地面		四大洲	東勝身洲	$2,000^2$	0
			西牛貨洲	$1,250\pi$	0
			南贍部洲	約$2,000,000^2$	0
			北俱盧洲	約$2,000,000^2$	0

【備註】①高度單位由旬。②六欲天及四大洲的面積單位為平方由旬。

三十三天總管是釋提桓因，暱稱帝釋天。昔時釋迦牟尼母親「摩耶夫人」產後去世，轉生到忉利天，孝順的釋迦牟尼來此爲母親說法三個月，然後由帝釋天陪同走下天梯，返回人間。（詳見《神祕的印度唐卡藝術》之「忉利天爲母說法首見旃檀瑞像」單元）

三十三天的護法（警備總司令）爲金剛手夜叉。全境四隅各有一座山峰，帝釋天住在善見城正中央的殊勝殿。城外有四座休閒園林：東衆車苑、南麤惡苑、西相雜苑、北歡喜苑。東北方有妙香圓生樹，西南方有天衆談法論理的善法堂。忉利天的生活太悠閒，天衆難免「忘了我是誰」，互相比爛，不知不覺向下沉淪，使忉利天被譏諷爲「戲忘天」或「戲忘念天」。

須彌山與欲界地獄

託科學進步之福，我們知道地球是宇宙中多到數不盡之恆河沙數的星球之一。宏觀浩瀚穹蒼太空，地球體積有如芥子微塵，不足爲道。

佛教宇宙觀認爲須彌世界和其他星球一樣，浮在虛空的「空輪」之中。緣於衆生的業力，使須彌世界最底部產生圓筒形空氣，名爲風輪。風生雲起，雲雨帶來豐沛水量造成水輪，衆生擊水嬉戲，使水面產生像鮮乳煮開時，浮在上面那層薄膜，叫做「金輪際」。

金輪際愈積愈高，堆疊成金輪，最上面一層是九山八海。順著金輪圓筒形狀上緣環繞的是鐵圍山，其他八山則以方形或圓形圍繞。空風水金等四輪並稱大地四輪，體積如下（單位由旬）：

哈達瑜伽身體宇宙圖認為宇宙是器世間的別名

	直徑	圓周	高度
金輪	1,203,450	*	320,000
水輪	1,203,450	*	800,000
風輪		10^{59}	1,600,000
空輪	無法度量		

無垠宇宙的須彌世界，並非僅此一家，別無分號。佛教把一個須彌世界稱爲「一世界」。一千個一世界名爲「小千世界」、一千個小千世界構成「中千世界」、一千個中千世界稱爲「大千世界」。小千、中千與大千合稱「三千大千世界」（tri-sāhasra-mahā-sāhasra-loka-dhātu）。可見佛教天文學肯定天外有天、人外有人，若說有外星人，佛教徒不應該否認才對。

各個「一世界」裡，和我們一樣聰慧的人類，都居住在金輪鹹海之四大洲的南贍部洲。很奇怪的是，四大洲唯獨南贍部洲有地獄。其他三洲的人去世都不會下地獄，因爲他們不相信有地獄存在，所以地獄自然不存在。古代印度人沒有地獄觀念，人死後一律往生天國的「冥界」等待轉世。這裡既沒有刀山油鍋，也沒有刁官厲鬼。西元前五世紀左右，佛教與耆那教崛起，婆羅門教擔心信徒跳槽佛教與耆那教而恐慌，於是把冥界改爲地獄，宣稱叛教信徒會下地獄受盡折磨。

《論語》〈述而篇〉記載孔子「不語怪力亂神」。釋迦牟尼也不語怪力亂神，他去世之後，佛教才出現地獄之說。爲了彰顯與婆羅門教有別，佛教刻意加深地獄的苦難恐懼程度，讓人不敢爲非做歹，以免萬劫不復。

地獄（naraka）音譯捺落迦、那落迦、奈落、泥梨耶、泥梨，意譯不樂、可厭、苦具、苦器、無有。爲佛教六道之「地獄道」簡稱；位於欲界，又名

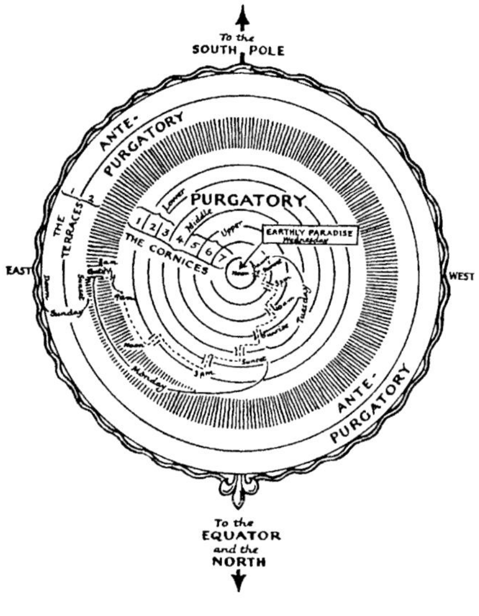

但丁《神曲》「地獄篇」的曼荼羅造型平面圖

地獄圖　16 世紀　義大利波蒂切利為但丁《神曲》「地獄篇」製作的插畫
但丁《神曲》說耶穌走過沒有陰影的通道，來到「一直往上擴大」的旋渦狀煉獄，走過此處靈魂就會上昇。可見，西洋的地獄並非在地底。

地獄界。南贍部洲地下有八層地獄，顧名思義，是位於地底下的可怕黑獄。構造如本頁表格所示。（地獄與佛教的演變關係，詳見《神祕的印度唐卡藝術》第五篇「外成就法王閻摩天初探幽冥路」）

聖母峰塞入乒乓球內

說到須彌山，不能不談「芥子納須彌」或「須彌入芥子」這句名言。

芥子（sarṣapa）是芥菜種子，細小如針尖，古人喜歡用「芥子投針鋒（把芥菜種子準確地投到針尖上面）」，形容非常難得或歷盡滄桑才完成。古印度人堅信芥子具有消災除障法力。佛學泰斗龍樹菩薩（中觀學派創始人，菩薩是尊稱）在南印度無法打開藏經鐵塔，就取七粒白芥子，用力甩向鐵塔，瞬間塔門自然打開，讓他順利入塔取出《大日經》。

芥子小到幾乎看不見，卻有伸縮自如的能力，可以把八萬由旬高的須彌山，完完整整納入，此時須彌山並沒有縮小，芥子也沒有脹大。

禪宗以此典故說明若能夠超越大小、高低、迷悟、聖俗與生佛（眾生及諸佛菩薩）等階級差異的偏見，就可以達到大徹大悟、融通無礙境界。華嚴宗藉此典故說明佛法

須彌世界之地界

	欲界	面積	高度／深度
地面	南贍部洲	周邊≒ 2,000,000	0
地層	泥地	-	-500
	白墡地	-	-1,000
	白土地	-	-2,000
	紅土地	-	-3,000
	黃土地	-	-4,000
	青土地	-	-5,000
地下	等活地獄	$25,000,000^2$	-10,000
	黑繩地獄	$25,000,000^2$	-15,000
	眾合地獄	$25,000,000^2$	-20,000
	叫喚地獄	$25,000,000^2$	-25,000
	大叫喚地獄	$25,000,000^2$	-30,000
	炎熱地獄	$25,000,000^2$	-35,000
	大焦熱地獄	$25,000,000^2$	-40,000
	阿鼻地獄	$6,400,00,000^2$	-80,000

【備註】①高度單位為由旬。②泥地層從0由旬到-500之間，其他各層深度同此。③阿鼻（avici）意為無間斷。

不可思議，無所不包又大小無礙。與此詞意相近的有「毛孔收刹海」。刹海是刹土大海，意爲宇宙。把宇宙放進毛孔裡面，用意也是彰顯佛教特有的「大小無礙」哲學思想。

須彌世界　紙繪局部　18世紀　泰國
宇宙圖之中的須彌世界八山八海，山底有大黑魚，用力搖頭擺尾就引發地震。左下角是西牛貨洲和二中洲，右下角是我們居住的南贍部洲和二中洲。

【我們大家都是曼荼羅】

情世間與器世間

佛教是充滿二元的世界，佛教藝術也不例外。

善惡、生死、慈悲智慧、因果禍福等都是二元論。佛教講求中道，刻意在二元兩個極端之間架構橋樑，合理解釋：為何善人會遭到惡報？為何死就是生、禍就是福？為何既要尊敬佛，又可以佛頭澆糞？

進入曼荼羅藝術之前，要了解二次元思想的情世間與器世間概念。器是可容納一切的器物，情是散發外放的感情。器和情，相當於美術中的寫實與抽象、真實與想像或看得見與看不見。

一、整個宇宙當做具體存在的器世間（bhājana-loka）看待時，在宇宙中旋轉、會活動的行星，包括地球、月球在內都是情世間（sattva-loka）。它們之所以會動，是我們肉眼看不見的情——磁場——能量使然。

二、將地球當做器世間時，地球上的人類和飛鳥走獸等生物就是情世間。

三、把人的酒囊飯袋當做器世間時，內在的色受想行識和喜怒哀樂就是情世間。由此看來，人體是器世間也是情世間，曼荼羅也是情器並具的世間。

人體是須彌世界縮影

回歸到曼荼羅藝術，看得到的曼荼羅造型——不論唐卡曼荼羅、沙曼荼羅或

獸帶人《貝利大公時禱書》手抄本　15世紀初　法國
以黃道十二宮呼應人體十二宮，對照人體是宇宙的縮影，既是情世間也是器世間。

立體曼荼羅——都是器世間。而被表徵的諸佛菩薩——不論種子字、三昧耶器物、羯摩塑像或寫實的諸佛菩薩畫像——都是情世間。

用前述第三點來檢視我們自身，會發現我們同時擁有情器世間的身體，是結構完美的曼荼羅世界，可惜我們卻不自知。不論是坐是站，支撐身體的脊柱等同支撐世界中心的須彌山。左右胸肌和肩胛骨，等同四大洲。雙眼有如日月，閃耀光輝。佔體重百分之三的血液，充滿總長度九萬公里的血管（含微血管，可繞地球兩圈），像密佈的河水川流不息。佔體重百分之六十的水份，和八海之水等量齊觀。

自頭頂梵穴以降，有眉間輪、喉輪、心輪、臍輪、陰藏輪、會陰輪等，自會陰輪以降還有地輪、水輪、火輪及風輪等，和須彌山四輪類似。肚臍以上，包括心肺肝脾在內，是供給身體適當養分的天界。肚臍以下的消化器官與排泄器官，彷佛黑暗八大地獄，是一去不返的無底深淵……。以上是身體的器世間，情世間則是相對於眼耳鼻舌身意的色聲香味觸法，所以說人體是須彌世界縮影，我們人人都是具象化的曼荼羅，一點都不爲過。

西藏法王要學畫曼荼羅

曼荼羅爲特定儀式而製作，儀式最後階段是毀壞曼荼羅，因此在印度境內無法看到古代遺留下來的曼荼羅。

佛教檀陀羅乘（密宗、真言宗）在中國興起，不知道什麼原因，與陀羅尼（真言、祕咒）息息相關的曼荼羅並未同時跟著廣爲流傳，以致使用曼荼羅的儀式結束時，沒有人知道應該把曼荼羅銷毀。正因爲如此，由日本來中國的遺

毘瑟笯示現宇宙大相圖　布粉彩繪局部　53.3×35.6cm　18世紀　印度　根據哈達瑜伽畫的身體宇宙圖，宇宙是器世間的別名。

唐僧（留學僧侶）空海，於九世紀初（八〇六年）返回日本時，才有機會把「金剛界曼荼羅」和「胎藏曼荼羅」帶回日本。還好空海很重視曼荼羅，否則我們現在就沒有機會看到唐朝留下來的曼荼羅遺跡了。

另一方面，藏傳佛教很認真地堅守曼荼羅儀軌，運用次數頻繁。帶頭誦經的優秀領經師，以及有身份地位的仁波切和法王等，在他們的佛學生涯裡，都必須學習智者三事，即：製作曼荼羅（繪製壇城）、跳金剛舞、正確誦經，尤其對「四曼荼羅供養」經文，要流暢到倒背如流之程度。

達賴喇嘛每次主持時輪檀陀羅法會，都親自參與製作時輪沙曼荼羅，就是因爲他學習過曼荼羅製作法的緣故。

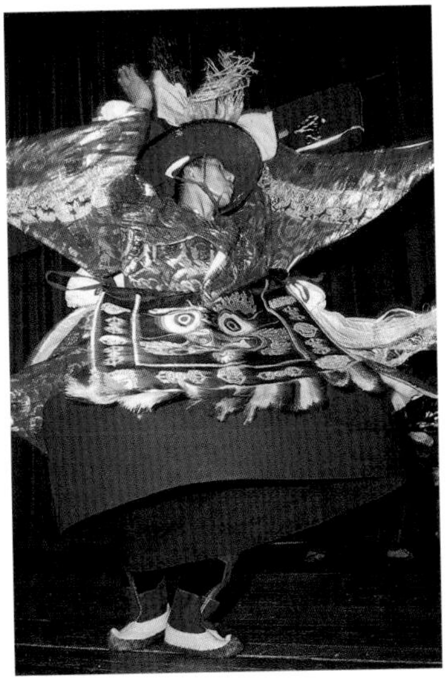

〈上圖〉達賴喇嘛自曼荼羅盤撮起小珠寶，為時輪沙曼荼羅進行圓滿次第。達賴喇嘛西藏宗教基金會 2005 桌曆

〈中圖〉在台灣講經說法的達賴喇嘛（達賴喇嘛西藏宗教基金會提供）

〈右下圖〉貝瑪諾布法王誦經時，以金剛杵鈴結手印。

〈左下圖〉為舉行中陰度亡而舉行的金剛舞

【曼荼羅與真言宗檀陀羅】

曼荼羅與佛教密宗

佛教最強烈對比的二元論不外生與死、輪迴與涅槃。釋迦牟尼最早開示二元論精髓是「苦集滅道」四聖諦，他把成就歸功於過去無數諸佛。「佛」這個字其實與神性無關。梵語 buddha 音譯佛陀，略稱佛，意爲「自己覺悟又幫助別人覺悟、言行一致的人」；爲了傳教需要，佛教創造許多比釋迦牟尼佛更有神通的佛。

基督教的耶穌爲神的獨子，伊斯蘭教穆罕默德爲最後一位預言者，他們都建立起唯一而且絕對權威的神性來源。基督教的神是唯一、不可被批評的「絕對聖性真神」，與釋迦牟尼強調的鬆散普遍真理大異其趣，因爲佛教主張大家都具有佛性（如來藏），人人都可以成佛、可以逢佛殺佛，其他宗教則不行。

早期佛教徒只顧自己修行，斷除苦集滅道之中的煩惱因，以便成爲阿羅漢（羅漢）。自利重於利他的「小乘」修行，經過佛教宗教革命洗禮，凝聚眾生皆可成佛的「大乘」思想，衍生出菩薩信仰和陀羅尼（dhāraṇī）信仰。陀羅尼現在泛稱咒語，本義爲「記憶術」，最重要的有四種牢記法：

一、記憶經句不忘是法陀羅尼。

二、理解經義而不忘稱爲義陀羅尼。

三、依禪定力起咒術而不忘，以消除眾生災厄是咒陀羅尼。

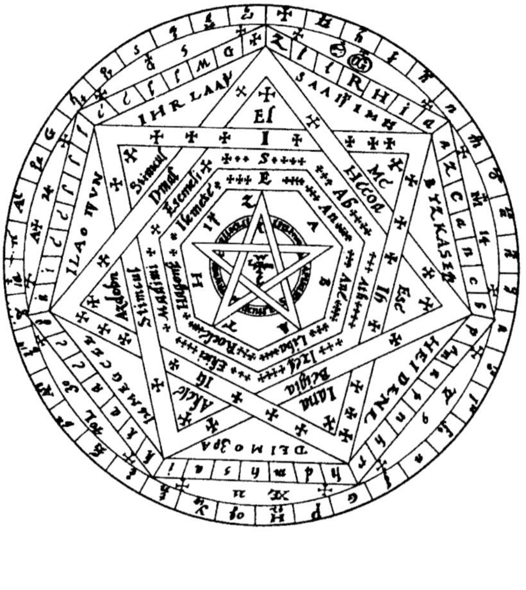

七極星大圓魔法印

從傳說「所羅門王印章」演變來的「七極星魔法圓印」。數學家說圓周不可能均分成七等分，七極星魔法圓卻達成不可能的任務。魔法師施咒術時，必須站在稱為魔法圓印的圓圈內。

四、通達諸法，堅忍法性而不忘，稱爲忍陀羅尼。

佛教的諸佛菩薩、佛法的經句經義與儀軌，比天上星星還要多，誰有辦法一一牢記在心?爲了方便記憶，佛學家依輕重緩急加以整理，並濃縮切割，創造像「唵嘛呢叭咪吽」這麼短而精的「心咒」。

曼荼羅與檀陀羅

檀陀羅和曼荼羅關係密切，研究曼荼羅藝術，不能忽視檀陀羅的存在。因此，此處先略述何謂檀陀羅。檀陀羅是佛經的經，爲何不直言佛經，卻使用繞口聱牙的「檀陀羅」呢?原因是它和「佛經」稍有差異。

經，是直線的意思。古人寫（或木刻）書，爲上下直寫，稱爲經書。織布時的經線是根本線，古代聖賢書寫的根本教義典籍稱爲經書，孔子制定詩書易禮樂春秋，被稱爲六經，是六種修心養性以便治國平天下的根本教義。緯，是橫線的意思。附託於經書，談玄說理，預言治亂興廢的典籍叫做緯書，如《乾坤鑿度》、《五行傳》、《運斗樞》等著作都是緯書。

經的梵語sūtra，音譯蘇多羅，原意和漢語「直線」相反，指的是橫線，通稱緯線。印度的文字以橫線爲綱，把橫寫的經典稱爲蘇多羅。

經線（直線）梵語是tantra，音譯檀陀羅，意指含有陀羅尼（咒術）的神祕經典。從蘇多羅和檀陀羅的本意來看，可知我國古代譯經師，配合中文原義，把印度「正經的」佛緯譯爲「佛經」，把「含有方術因素在內的佛經」音譯「檀陀羅」，而不意譯爲「佛緯」。

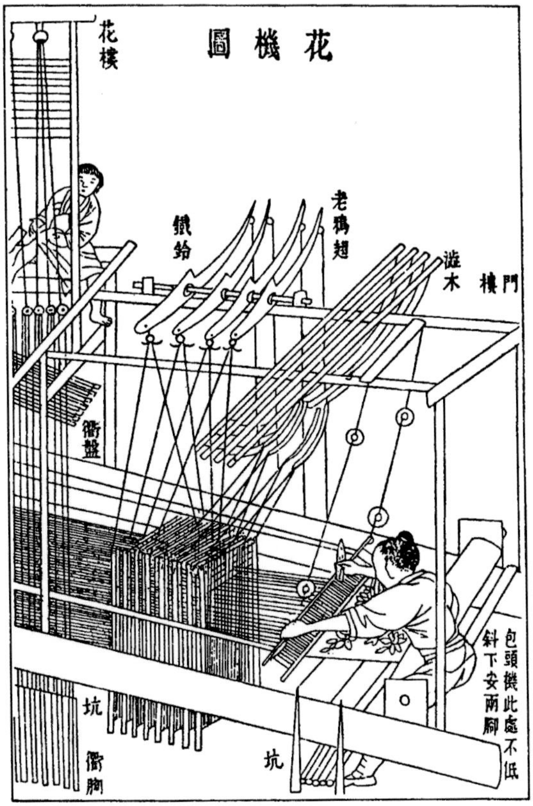

《天工開物》花機圖　圖中右下方的織匠左手握經線架，右手用竹梭拉緯線穿過經線。

《正字通》說：「織布的縱線曰經，橫線曰緯。經用完了，可以用緯接續。」因此緯線又稱為「續」。含有陀羅尼的檀陀羅（經典）又譯為「本續」，略稱「續」。後期佛教大乘（金剛乘），含有陀羅尼的經典特別多，於是檀陀羅被新譯為密續、祕密本續或密咒本續。

佛教原本禁止唸咒語，不准施咒術。釋迦牟尼去世，僧侶因應社會大眾需求，暗中使用除盜難蛇難、除頭痛牙痛等咒術，沒想到大受歡迎。於是咒術從被禁止到默許，到無所不在，包括家喻戶曉的《觀音心經》都載明「故知般若波羅蜜多是大神咒，是大明咒、是無上咒、是無等等咒」。

布頓大師與四階檀陀羅

西元十四世紀，西藏著名博學高僧布頓大師（一二九〇至一三六四年）依時代演進，把所有檀陀羅整理歸類成「四階檀陀羅」：

一、所作（kriyā）檀陀羅，又名作密續。

二、行儀（caryā）檀陀羅，又名行密續。

三、瑜伽（yoga）檀陀羅，又名瑜伽密續

四、無上瑜伽（anuttarayoga）檀陀羅，又名無上瑜伽密續。

第四項之無上瑜伽檀陀羅又細分為以下三種：

①方便（Upāya）檀陀羅，又名父檀陀羅、父密續。

②般若（prajñā）檀陀羅，又名母檀陀羅、母密續。

③方便般若不二檀陀羅，又名父母雙入檀陀羅、父母不二檀陀羅。

四階檀陀羅各階段，都有絢爛璀璨的曼荼羅出現，把瀕臨滅亡之前的大乘佛

〈上圖〉布頓大師　線畫影印稿　18×16.2cm　三最齋
〈右圖〉印度八十四大成就者上首魯易巴，為瑜伽檀陀羅曼荼羅主要推手。

千手千眼觀自在菩薩曼荼羅　布繪唐卡　73 × 47cm　20世紀　三最齋集藏

教推向最高峰。大乘分爲般若乘（顯宗教法）和真言乘（密宗教法），有人把佛教顯宗教法和密宗教法，略稱「顯教」和「密教」，是嚴重的錯誤造詞，讓人誤以爲在佛教之外，尙有顯教與密教二支新興宗教。這就像把立法院財政委員會叫做「立法院財政委員院」一樣的謬誤。

爲免誤解，本書稱般若乘爲顯宗，稱真言乘爲密宗或是真言宗。藏傳佛教同時含蘊顯宗與密宗教法，既不能單稱般若乘，也不是真言乘，故又被稱爲金剛乘（Vajra-yana）。

真言乘與金剛乘，借助曼荼羅廣宣顯密教法，直入人心。反過來說，曼荼羅依附真言乘和金剛乘，成爲無與倫比的佛教藝術。

【備註】藏傳佛教寧瑪派是古派，薩迦、噶舉與格魯派並稱新派。新古之間，對檀陀羅分類法略有出入，謹列表如左，以供參考。又，四階檀陀羅略稱四檀陀羅，或稱為四部檀陀羅。

新派四階檀陀羅說		古派內外三乘檀陀羅說	
所作檀陀羅		所作乘	外三乘
行儀檀陀羅		行儀乘	
瑜伽檀陀羅		瑜伽乘	
無上瑜伽檀陀羅	方便父檀陀羅	大瑜伽乘（māhāyoga-yana）	內三乘
	般若母檀陀羅	無比瑜伽乘（atiyoga-yana）	
	父母不二檀陀羅	無上瑜伽乘（anuyoga-yana）	

寧瑪派又把無上瑜伽乘細分爲心部、自在部、教授部，三者合稱「無上瑜伽三部」，使檀陀羅教法增加到九乘。

〈上圖〉以觀自在菩薩為主的三族姓尊　木刻版畫　14.2×26.5cm　三最齋集藏
〈下圖〉以文殊菩薩為主尊的三族姓尊　影印稿　11.4×25cm　三最齋集藏

大悲觀自在三怙主觀想境　布繪唐卡　78 × 54cm　20世紀　三最齋集藏

參・悲憫衆生敬獻曼荼羅

【結供養手印獻曼怛】

誦「獻曼怛」千遍不厭倦

法會是凝聚「佛法僧」三寶功德的場所，主持人不論高階法王，如寧瑪派貝諾法王、薩迦派薩迦法王、噶舉派大寶法王與格魯派達賴喇嘛法王等，或高僧仁波切或寺院住持，在法會進行中，一定會帶領僧眾唸誦「獻曼怛」。

曼怛是曼怛羅簡稱，與曼荼羅同義。藏語 Man-dal，發音接近曼怛，意爲諸佛菩薩宮殿。又叫 dKyil' aKhor，讀音接近傑廓，意爲輪、圓環或圓盤。

若時間和經費許可，就在現場製作沙曼荼羅，或張掛精緻曼荼羅唐卡。否則就在內心或口頭虔誠唸誦「獻曼怛文」，稱爲心供（以心供養）。獻曼荼羅文和曼荼羅美術攸關，於此藉寧瑪巴《聖綠度母曼荼羅福慧二資糧心要儀軌》法本之中的「獻曼荼羅長行文」以及「獻曼荼羅偈文」稍作說明。

譯文依照藏語發音取捨字數，爲免受到字數限制而造成辭不達意，特地增加釋義文，以便詮釋全文，並與實際圖片相互對照。其中使用「宋體字」的是本文，其後爲解釋文。

貝瑪滇真仁波切示範獻曼荼羅供養法

1

2

3

4

5

6

貝瑪滇真仁波切依照儀軌，從結界清淨曼荼羅地基開始，口中唱頌獻曼怛文，因循附圖數字順序，逐一堆疊曼荼羅盤。完成之後，安置於四根本之一的貝瑪諾布仁波切法座前面。

獻曼荼羅長行文

〔釋義〕爲把宮殿獻給迎來的主尊及諸佛菩薩，而唸誦長的觀想祈請文。

一、起始二句前行獻供文

唵，金剛杵地阿吽！地化清淨自在黃金磐石地。

唵，金剛輪籠阿吽！四周鐵圍山繞中央種字吽。

〔釋義〕唵，鋪設金剛杵的地基，阿吽！金剛杵地基化爲清淨自在的黃金磐石大地。

唵，金剛杵輪、（金剛杵牆）、金剛杵籠，阿吽！曼荼羅世界正中央，有法源種子字「吽」。鐵圍山底部是「金剛輪（金剛杵輪）」、上方有管柱狀「金剛牆（金剛杵牆）」環繞，再上方有「金剛籠（金剛杵籠）」罩護。

二、獻曼荼羅主獻供文

妙高須彌山、東勝身洲、南贍部洲、西牛貨洲、北俱盧洲；身洲勝身、拂洲與別拂洲、小行與勝道行、聲不悅洲助聲不悅洲。

〔釋義〕①曼荼羅世界正中央是須彌山，四方有四大洲，分別是東方勝身洲、南方贍部洲、西方牛貨洲、北方俱盧洲等。四大洲左右各有一個中洲，分別是東方身洲與勝身洲、南方拂洲與別拂洲（貓牛洲以及勝猛牛洲）、西方小行洲與勝道行洲（諂洲與上義洲或具搖洲與勝道行洲）、北方聲不悅洲與助聲不悅洲（勝邊洲與有勝邊洲或惡音洲與惡音對洲）。另外還有許多小洲。

珍寶七大山、如意寶樹、如意牛、原生香稻糧。

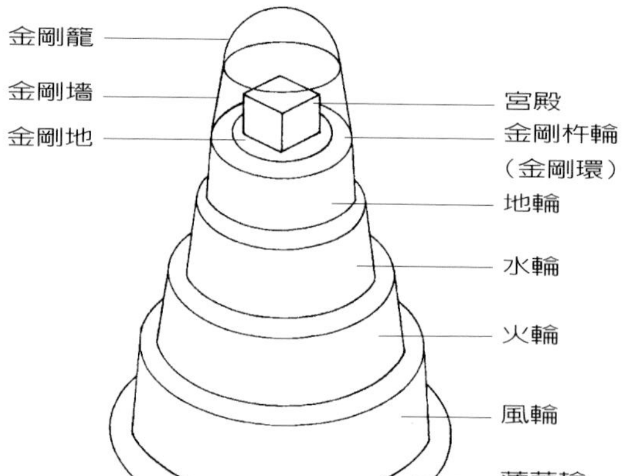

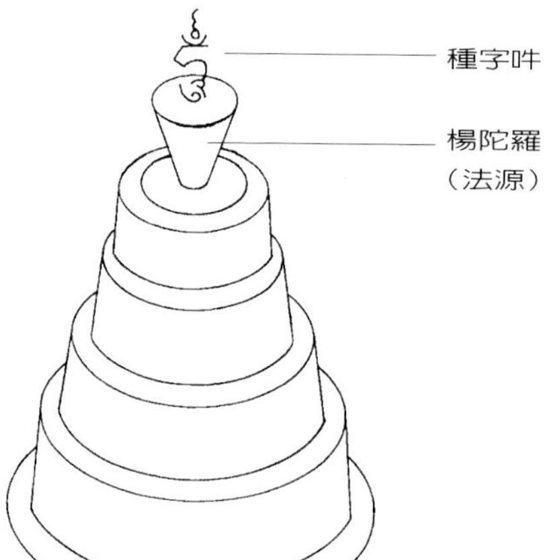

〈右圖〉金剛輪與金剛籠　蔡東照繪
〈左圖〉曼荼羅法源揚陀羅與中央種字吽　蔡東照繪

〈上圖〉〈勝伏金剛亥母曼荼羅〉宮殿，清晰可見被當做地基的金剛杵。（敏珠林喇嘛提供）
〈下圖〉種字吽曼荼羅　曼荼羅中央的金剛杵，是整座須彌山的地基。小圓圈內的四方形、半月形等是四大洲，中間是位於須彌山上方的種子字「吽」。

〔釋義〕②黃金磐石大地最外側，亦即四大洲八中洲內側，有很多至寶：宮殿城廓外面四方有奇珍四寶，分別是東方有七座神聖珍寶七金山、南方有如意寶樹、西方如意牛、北方自然生長的飄香可口稻穀。

金色法轉寶、滿願神珠寶、尊貴玉女寶、忠心主臣寶、祥瑞白象寶、良駒紺馬寶、勇猛主將寶、無盡藏瓶寶。

〔釋義〕③城廓的外廓有「輪王七政寶」，以及永遠取用不盡的寶瓶，合稱「輪王八寶」：東方金色法轉寶、南方滿願神珠寶（摩尼珠寶）、西方尊貴玉女寶（明妃寶）、北方忠心主臣寶（主藏臣寶）、東南方祥瑞白象寶、西南方良駒紺馬寶、西北方勇猛主將寶、東北方取之不盡的藏寶瓶。

嬉樂女、華鬘女、歌女、舞女。

〔釋義〕④再向內的城廓裡，有各據一方的內四供養女，又稱爲內四供養菩薩：東方金剛嬉女、南方金剛鬘女、西方金剛歌女、北方金剛舞女。

香華女、燒香女、燈明女、塗香女。

〔釋義〕⑤與內四供養女同一城廓的四維（四個角落），有各據一隅的外四供養女，又稱爲外四供養菩薩：東南方金剛花女、西南方金剛燒香女、西北方金剛燈明女、東北方金剛塗香女。

明日、皎月、鑲珍寶傘、降八方尊貴勝利幢。

〔釋義〕⑥又再向內面一層的城廓裡，四方有日月傘幢：東方有明日、南方鑲滿珠寶的法傘、西方皎月、北方是無往不利的勝利法幢。

從①到⑥，是供養曼荼羅世界的三十七件至寶，稱爲三十七供。

手捧風輪曼荼羅，正在獻供中的喇嘛。

三、受供祈請文

人天圓滿豐饒皆具足，此中所有根本及傳承上師完備，具德上師善友正士、本尊曼荼羅海會、諸佛及諸菩薩之會供齊備，獻上如是供養。

〔釋義〕正中央豐饒富庶須彌山，住了生活愉悅的天部天眾，以及獲得善業果報的世人。曼荼羅世界所有根本上師、傳承上師、德行高尚的上師，善心正

1

2

3

4

5

6

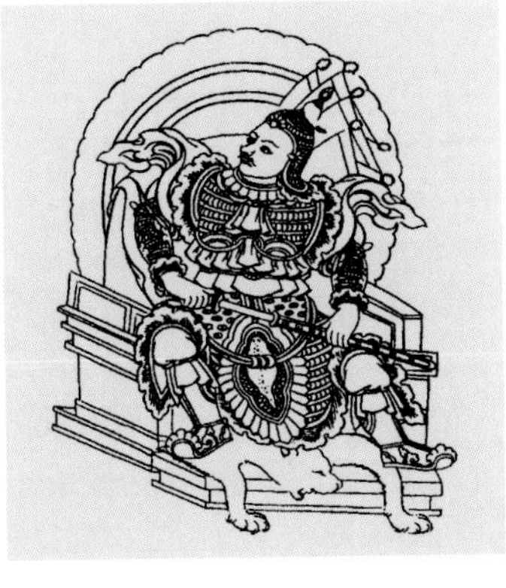
7

8

獻曼荼羅之輪王八政寶：1 金色法輪寶 2 滿願神珠寶 3 玉女寶 4 主臣寶 5 白象寶 6 紺馬寶 7 主將寶 8 無盡藏瓶寶

派人士、薈萃群聚的本尊護法及諸佛菩薩啊！我謹備齊供奉資養您們的獻品，就此恭敬獻上。

【備註】此處獻供的是閼伽水（食水）、洗水（洗臉洗手水）、香華（香花）、炷香、燈明、塗香、妙食、天樂等八供。

四、結行獻供文

悲憫眾生祈請納供食，受已祈請賜加持。

〔釋義〕爲悲憫天下所有蒼生，並福澤有生命的飛禽走獸、河蝦海魚、蚊蚋蟲蟻等，祈請諸佛菩薩接受供品，然後請爲一切有情眾生加持賜福。

五、功德迴向眾生普迴向文（獻曼荼羅偈）

遍地水塗燒香散鮮華　須彌四洲日月莊嚴飾

佛國淨土所緣勝境故　普願眾生趣往佛淨土

〔釋義〕大地到處遍佈香水、塗香、燒香，以及自天而降的鮮花，須彌山和四大洲以有圓有缺的日月當做莊嚴飾品；因爲我們所依託的勝境正是佛國淨土，所以祈請讓一切有情眾生於去世之後，都能夠前往佛國極樂世界，不再受生生世世輪迴之苦。

六、結供養印持咒獻米以示獻曼怛功德圓滿

依・當・日阿那・曼怛而・拉・剛・尼雅・大・雅・米

有了以上獻曼荼羅的概念，就比較容易跨入之後要舉例的「祕密集會曼荼

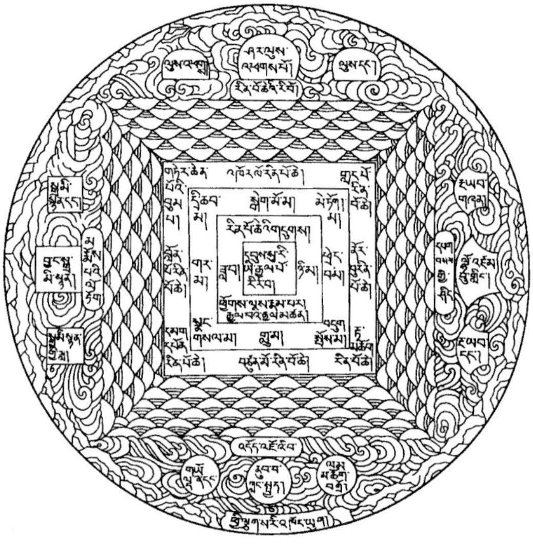

獻曼怛之曼荼羅盤平面圖　木刻版畫
27 × 27cm　西藏
通常東方在下面，本圖半月形東勝身洲在上面，右旋為梯形南贍部洲、圓形西牛貨洲、四方形北俱盧洲。

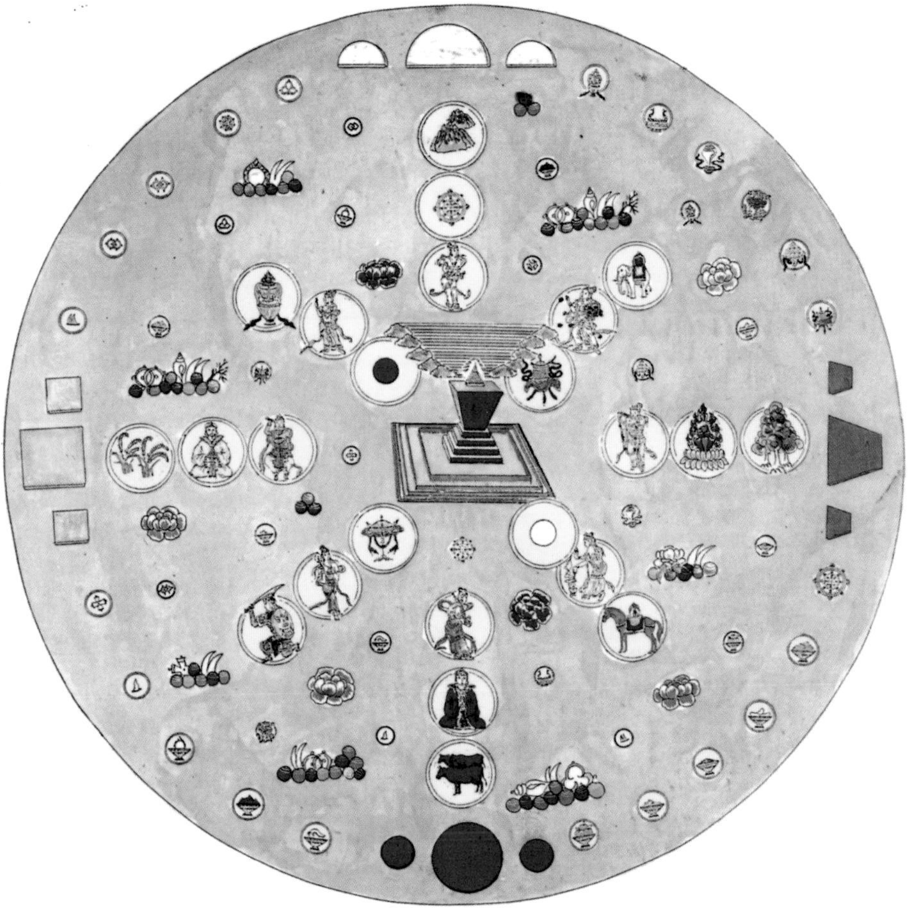

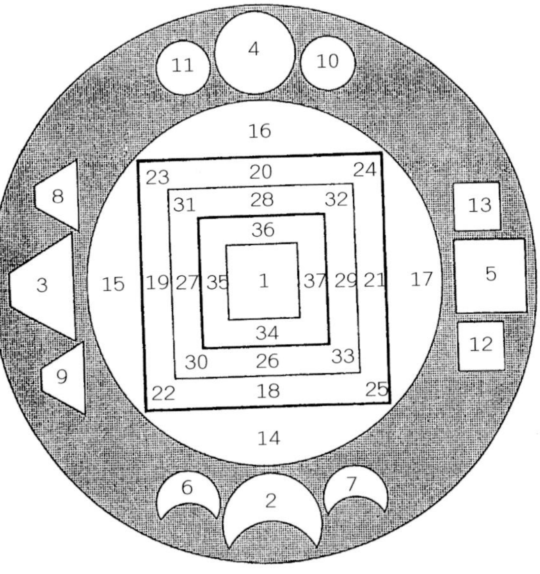

〈上圖〉 曼荼羅「獻三十七供」位置圖。此曼荼羅盤東方在上面，與下圖對照時，必須左右與上下反向觀看。

〈左圖〉 獻曼怛順序示意圖
修行者循下列數字順序，進行獻曼怛：
1 妙高須彌山 2 東勝身洲 3 南贍部洲
4 西牛貨洲 5 北俱盧洲 6 身洲 7 勝身洲
8 拂洲 9 別拂洲 10 小行洲 11 勝道行洲
12 聲不悅洲 13 助聲不悅洲 14 珍寶七大山
15 如意寶樹 16 如意牛 17 原生香稻糧
18 金色法轉寶 19 滿願神珠寶
20 尊貴玉女寶 21 忠心主臣寶
22 祥瑞白象寶 23 良駒紺馬寶
24 勇猛主將寶 25 無盡藏瓶寶 26 嬉樂女
27 華鬘女 28 歌女 29 舞女 30 香華女
31 燒香女 32 燈明女 33 塗香女
34 明日 35 皎月 36 鑲珍寶傘
37 降八方尊貴勝利幢

羅」繽紛世界，體會曼荼羅藝術的結構與色彩之美。

【備註】 珍寶七大山要從東方眺望才看得清楚。環繞須彌山有同心圓形或說是四方形的八功德海（最外海大成水海不算在內），它們被七座同樣環繞須彌山的金山隔開，稱為珍寶七山或七金山。

八功德海由外而內依次是鹹海、乳海、酪海、酥海、蜜海、酒海、吉祥海以及須彌海；或鹽海、酒海、水海、乳海、酪海、酥（油）海、甘露海與須彌海，前七海都散發與海名相稱的香味，故並稱七香水海。

七金山由外向內依次為持地山（持邊山）、障礙山（象鼻山）、馬耳山、善見山、檐木山、持軸山與持雙山；從東方看過去，在豔陽照射下，七寶山金光閃閃、燦爛輝煌，故又名七金山。

曼荼羅盤與物供心供

尊貴的嘉初仁波切（Ven. Gyatrul Rinpoche，1923－ ）為筆者上師之一，他在美國舊金山耶樹寧波佛法中心講道時說：「我們為了要自利利他，必須積聚福德和智慧二種資糧，獻曼怛是積福慧資糧的最好方法之一。我們可以用「曼怛盤」和白米等做實物供養，或利用觀想法做心供。獻供的時候，心裡要了知：被供養對象、供養物與供養者都不是實有，三者皆為空性。」

《了義炬》記載噶舉派丘嘉朱巴仁波切說：

「再怎麼純淨的人，內心免不了有一丁點兒傲慢與我執。獻曼荼羅等於把自己和供品都布施出去；自己都不存在了，貢高我執當然隨之消逝。」

進行獻曼荼羅供養，先準備形狀如佛塔的五層或六層曼荼羅盤，按照《俱舍

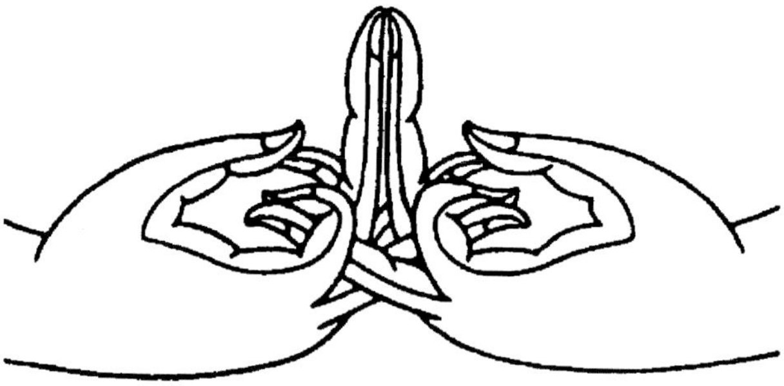

〈上圖〉獻曼荼羅之供養手印
〈右圖〉貝諾法王雙手結供養印獻曼荼羅

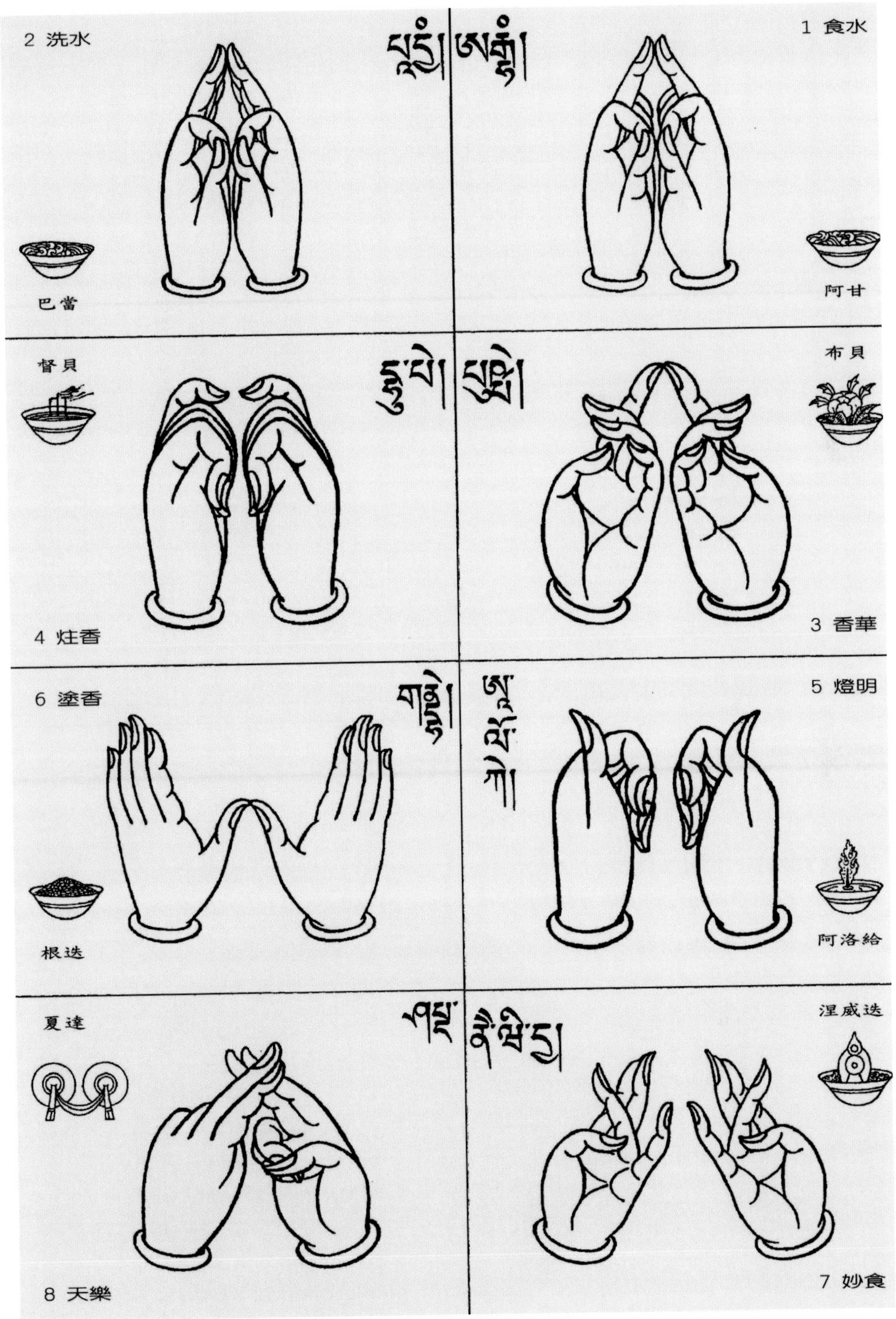

獻曼荼羅八供手印：
1 獻食水印 2 獻洗水印 3 獻香華印 4 獻炷香 5 獻燈明印 6 獻塗香印 7 獻妙食印 8 獻天樂印

論》的宇宙觀，將第七〇頁所述①到⑥的「三十七供」，從最底層往上層堆壘，例如最底層爲四大洲與八中洲，往上第二層爲奇珍四寶、第三是輪王八寶等。筆者親教師尊貴的貝瑪滇真仁波切，爲筆者開示獻曼怛真諦時說道：「獻曼荼羅象徵修行者將整個世界，包括自己的『身曼荼羅』都捨得獻出去。能捨必能得，經常獻曼荼羅，會獲得福德與智慧資糧。」

貝諾法王傳「南確虛空藏獻曼荼羅法」時說：「獻曼荼羅時，要以左手托曼荼羅盤，用抓米的右手腕擦拭盤面；不是盤面骯髒的緣故，而是要擦拭掉我們和眾生的罪障，在觀想中，使眾生清淨無垢。獻曼荼羅長行文唸到哪一句，就在相對應的位置放一撮米，依照儀軌把曼荼羅一層、一層加上去，直到完成爲止。

「獻供過程中，觀想把我們擁有的一切都拿來供養，主要目的是去除對物質的貪戀。另一方面，全心護持曼荼羅免受魔障入侵，而所謂的魔，往往是指偏執、擺不開貪瞋癡三毒的我們自己。

「不共加行（不傳給非入門弟子的法門稱爲不共加行）的獻曼荼羅，觀想全身是無量宮殿，皮膚是黃金地基、腸子是鐵圍山、脊椎爲須彌山、頭是殊勝殿、四肢是四大部洲、兩眼爲日月、鼻瓶寶、舌滿願牛、十根手指是八供養天女和傘幢，……如此一一把全身器官都供養出去，自身成爲實際存在卻空無一物的「空性」，什麼都空了，當然毫無貪染、瞋怒與愚癡等三毒念頭。接下來是密供養……。」

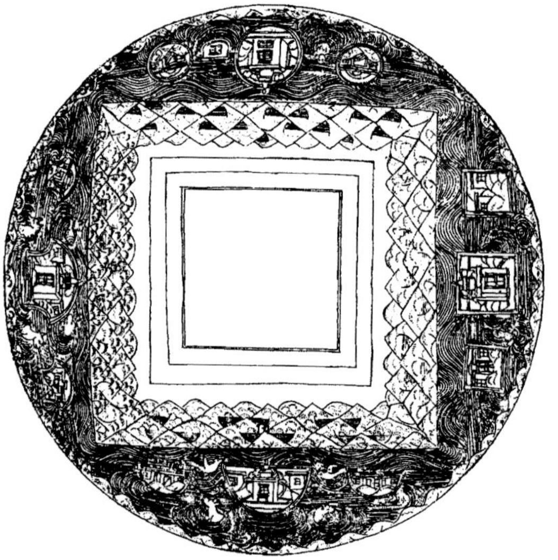

〈右圖〉俱舍論須彌世界平面圖　影印稿　三最齋集藏　　中央四方形是須彌山和九山八海，汪洋大海有四大洲與八中洲。按照前例盤上數字，依序擺放代表金銀財寶的穀粒，獻給諸佛菩薩與一切有情眾生。

〈左頁十二圖〉獻曼荼羅之供養天女及日月傘幢：1 嬉樂女　2 華鬘女　3 歌女　4 舞女　5 香華女　6 燒香女　7 燈明女　8 塗香女　9 日女　10 月女　11 鑲珍寶傘　12 勝利幢

1

2

3

4

5

6

7

8

9

10

11

12

肆・大悲胎藏生曼荼羅

【純潔子宮孕育大悲心】

原始雛型三部族尊曼荼羅

早期曼荼羅以釋迦牟尼佛三尊爲主，首先是釋迦牟尼與二弟子的三尊像，而後有釋迦牟尼佛、觀自在菩薩和金剛手（大勢至菩薩）並列的三尊。過一段時間，右手側（北方）觀自在菩薩之外，會加入或是改變爲馬頭觀音、白衣觀音或是被度母菩薩取代，他們都是觀自在菩薩的眷屬。左手側金剛手加入或改變爲孫婆明王、摩莫枳，兩者是金剛手的眷屬。

釋迦牟尼、觀自在菩薩和金剛手，分別與他們的「眷屬」構成佛部、蓮華（蓮花）部和金剛部，這是最原始的部族觀念。部，梵語kula，漢譯家族、種姓、姓種族、眷屬或族姓等，佛部、蓮華部和金剛部，合稱三族姓。

本來是三族姓的領袖一起以三尊形態出現，後來，各族姓首領帶領眷屬加入，人數一多，曼荼羅圖像就更複雜也更有看頭。西元三到五世紀之間，印度秣菟羅（Mathurā）地區佛像遺蹟，以及阿旃多（Ajantā・阿闍恩陀）地區石窟，古代留下來的三族姓尊曼荼羅像，最常見的如下表：

毘沙門天三尊像　絹彩　12世紀　京都國立博物館

釋迦十六善神像（局部） 絹繪 京都南禪寺
三尊像之中，釋迦牟尼佛與文殊菩薩、普賢菩薩同時出現的圖像很少，又與十六善神一起的更罕見。

	族姓部主	族姓部母	族姓明王
佛部	釋迦牟尼佛	佛眼佛母	最勝佛頂
蓮華部	觀自在菩薩	白衣觀自在菩薩	馬頭觀自在菩薩
金剛部	金剛手菩薩	摩莫枳金剛母	孫婆明王

隨著時空不同，三族姓尊的佛部主尊不盡相同，印度奧立薩省妙好具足嚴（Lalitagiri）的三尊像遺蹟，是胎藏曼荼羅系統的毘盧遮那佛、觀自在菩薩與金剛手。藏傳佛教的三族姓尊是文殊菩薩、觀自在菩薩與金剛手，若再加上釋迦牟尼佛則成爲「四如來」：多寶如來（釋迦牟尼佛）、妙色生如來（文殊菩薩）、廣博如來（觀自在菩薩）、離怖畏如來（金剛手菩薩）。

印度人供養三族姓尊，習慣上總是配合護摩祈求現世利益。要治癒疾病、消除災難，就修行佛部護摩息災法（śāntika）。要使工作一帆風順、財運亨通，就修行蓮華部護摩增益法（puṣṭika）。心中容不下競爭對手，想要擊倒競爭對象，就修行金剛部護摩降伏法（abhicāraka，調伏法）。

人心充滿貪婪，不論如何虔誠求神拜佛，總是有無法萬事如意的缺憾，這時會懷疑是否拜錯神了？是否光供養三族姓尊還不夠？於是，開始從各種經典之中，尋找更可信賴的新神祇和新曼荼羅。這種心理上的慾求，不只出現在印度佛教徒生活中，連漢傳佛教圈與藏傳佛教圈都受到感染。

漢傳佛教找到從唐朝般剌蜜帝譯《大佛頂首楞嚴經》演繹出的《攝一切佛頂曼荼羅》，主尊爲釋迦牟尼佛與大日如來佛，信徒勤於面對一切佛頂曼荼羅修行，目的希望獲得敬愛、息災，以及增益的功德。

五護陀羅尼曼荼羅　影印稿　三最齋集藏
主尊大隨求佛母，東方大千摧碎佛母、南秘咒隨持佛母、西大寒林佛母、北孔雀佛母。

根據唐代不空三藏譯《大寶廣博樓閣善住祕密陀羅尼經》演繹出的《寶樓閣曼荼羅》，出現新潮造型的釋迦三尊——說法相釋迦牟尼佛、四面十二臂金剛手菩薩和四面十二臂寶金剛菩薩，信徒期盼的修行功德是滅罪追善。

藏傳佛教依據布頓大師歸類的所作檀陀羅風行時期，新曼荼羅有：藥師如來五十一尊、五護陀羅尼五十六尊、不空絹索觀自在菩薩十六尊、無量壽佛九尊等曼荼羅，尊像至少是三族姓尊的三倍以上，都和現世利益息息相關。

這些數量還被嫌少，從所作檀陀羅進入行儀檀陀羅，赫然出現總數達四百一十二尊的新曼荼羅，使人眼睛為之一亮！它就是行儀檀陀羅的根本經典，源自密宗經典《大毘盧遮那佛神變加持經》的「大悲胎藏生曼荼羅」。

《大日經》來華的坎坷路

《大毘盧遮那佛神變加持經》簡稱《大日經》，梵文自詡為「蘇多羅因陀羅」（sutraindra），意即顯宗經典之王，是超越顯宗、跨入密宗的經典。《大日經》梵文原典已佚失，僅能從其他梵文註釋書知道曾有這部經存在，幸好它被翻譯為漢文與藏文，使後人得以一窺全貌。漢文版本翻譯由中國密宗傳持八祖之第五祖善無畏三藏主持，他是東印度烏茶國剎帝利種姓，由於精通「經律論」而被尊稱三藏，於七一三年（唐玄宗開元十三年）在洛陽大福寺帶領寶月、一行（即後來的真言宗六祖，為世界著名之「科學家」）等人共同譯就。

我國曾保有梵文本《大日經》，由高僧「無行」於六八五年之後（正確年份不詳）自印度那爛陀寺迎請返

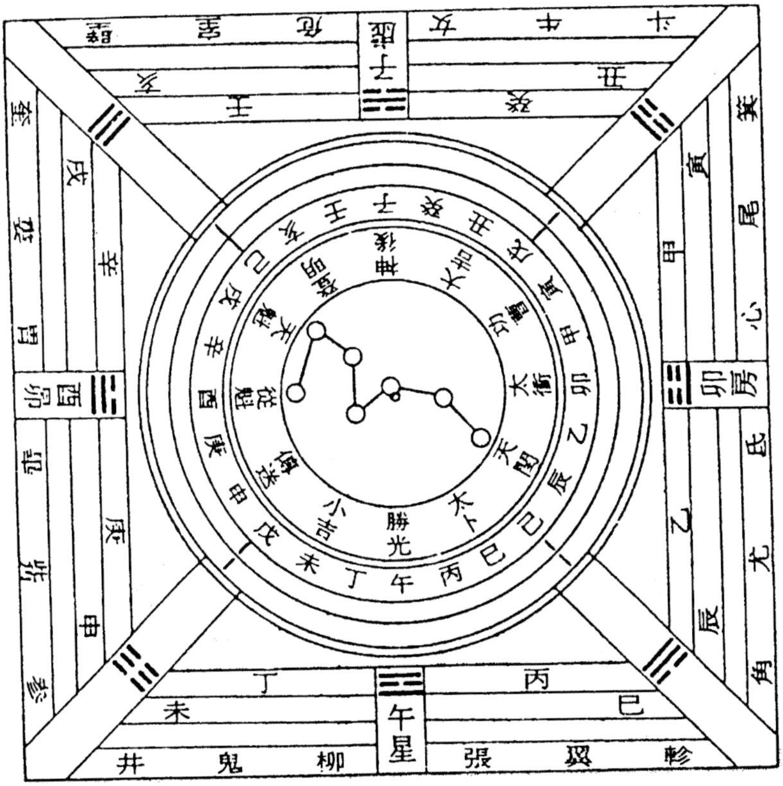

天地人三才占斷盤　蔡東照臨摹　樂浪郡出土《遁甲經》的「天地人三才占斷盤」，依北斗七星、天干地支、二十八宿與八卦方位，作成內圓外方的曼荼羅。

國。歸程很不順利，他染病延誤行程，不幸客死北印度。朝廷派遣使者帶回遺物，將《大日經》收藏於西京開元寺；梵文本《大日經》陪上無行的生命，實在得來不易，可惜後來仍下落不明。

漢文本共三十六品。第一到三十一品，依據無行請來的梵文本翻譯。第三十二到三十六品，依據善無畏從印度請來的梵文本翻譯；根據後世學者推論，這部分其實是善無畏創作的。

何謂大悲胎藏生曼荼羅

《大日經》內容深奧，根本思想卻很明確，第一品就把旨趣說得很清楚：「菩提心爲因、大悲爲根本、方便爲究竟。」

《大日經》要求修行者，待人處事要以理性智慧心當做動機來發心；修行過程要以樂善好施的慈心、勇於助人消除苦難的悲心當做行爲準則；修行方法要使身體、語言與意念一致，達到成佛境界，以幫助更多需要幫助的人。

善無畏擔心光談理論，很難被了解。他擅長「工巧明」，通達工藝技巧、音樂、美術和占相咒術等，於是製作了立體莊嚴的曼荼羅，繪出精妙的大悲胎藏生曼荼羅，讓大家知道諸佛菩薩到底在哪裡，爲眾生帶來什麼利益。

胎藏（garbha）本意爲子宮、胎兒、受胎、芽、內部、嬰兒、子孫等。與佛法有關的漢譯是胎、藏、胎藏、胞胎，引申爲修行者將理性智慧的發心動機，含藏在有如子宮那麼安適的修行環境中，用大慈悲當做滋養胎兒成長的必要養分，最後斷除煩惱塵垢、成就佛陀果位。

主尊毘盧遮那佛以大慈悲平等心，建造幫助眾生脫離苦海的宮殿勝

〈右圖〉一字金輪曼荼羅，主尊大金輪明王(一字金輪佛頂王)，諸佛菩薩的功德都歸給他發揚光大。
〈左圖〉以蓮花為造形的佛眼佛母曼荼羅，擺脫中規中矩的蓮瓣畫法，顯出栩栩如生的擴張感。

胎藏敷曼荼羅　絹繪　122.8×127.2cm　12世紀　京都東寺寶物館
「投華得佛」的胎藏三昧耶曼荼羅，畫家可能擔心上師認不出三昧耶的本尊是誰，所以把尊名寫在圖形旁邊，成為很特殊的曼荼羅。

境，供眾生觀想修行，先享受佛法甘露，再孕育出自己的大悲心，以便獲得圓滿智慧而成佛。這個供眾生觀想修行的宮殿勝境，就是大悲胎藏生曼荼羅。

胎藏曼荼羅起造與摧破

《大日經》「入漫荼羅具緣真品」記載，建造大悲胎藏生曼荼羅要先擇地清除污物，然後擇日供養地神，請求准許製作曼荼羅，然後取新鮮牛糞和牛尿攪和成泥，糊在地面。印度人視牛爲聖獸，牛糞和牛尿具有殺菌、清淨土地之功效。於糞泥上灑香水，再一邊唸咒一邊觀想，迎請五方佛駐進壇城，按部就班彈墨線和使用五色線，於不同方位畫一百二十尊諸佛菩薩。

完成曼荼羅，即引領弟子入壇，依儀軌施予廣結佛緣的結緣灌頂。弟子到曼荼羅中央，將手中持花隨意往上丟，看花朵掉落到曼荼羅畫的哪位佛菩薩上面，這佛菩薩就是「本尊」，上師會傳授本尊的手印、陀羅尼和心咒，讓弟子專心修行本尊法。最後，徹底毀掉曼荼羅，不留絲毫痕跡。

中國人不愧是優秀民族，認爲每次修行都要建壇毀壇、再建壇毀壇，簡直自找麻煩！於是後來有人把曼荼羅畫在紙上，修法時打開供弟子觀想。修行結束捲起來收藏，形同毀掉曼荼羅。託這些懶人的福氣，今天才能夠幸會唐朝遺物，一睹大悲胎藏生曼荼羅的真面目。

而另一方面，我們也要感謝藏傳佛教傳人，若沒有他們對抗黑漆漆的寺院空間，克服各種難題，以不可思議的方法在牆壁留下密密麻麻、不可思議的各種曼荼羅，我們要認識曼荼羅的機會勢必更加渺茫。

台中聖德禪寺三世佛，左起迦葉佛（飲光佛）、釋迦牟尼佛、彌勒佛。

胎藏大日如來西院本　絹繪　約 11 世紀　教王護國寺
臨摹自惠果版本，主尊大日如來，頭戴五佛寶冠（已殘缺），菩薩形。雙手結法界定印（手掌左下右上，拇指相抵），雙腳結吉祥跏趺坐（左腳掌在右股上）。僅惠果版大日如來臉形圓滾滾地，透露出純淨童真，表徵宇宙真理。

【眞言宗最後舵手空海】

神童真魚空海大師

唐朝保存下來最有名氣的兩幅曼荼羅，是〈大悲胎藏生曼荼羅（訛稱胎藏界曼荼羅）〉和〈金剛界曼荼羅〉，合稱「兩界曼荼羅」，被「遣唐僧」空海大師帶回日本，經多位畫家輾轉臨摹，之後原本不知所蹤。最負盛名的臨摹本，是京都東本願寺收藏的「西院本」。中國的兩界曼荼羅，爲何落入空海之手呢？其中有段被命運戲弄、無可奈何的佳話。

空海（七七四至八三五年）原名真魚，自幼被公認爲神童。十五歲隨母親的伯父——漢學家阿刀大足學習《論語》和《孝經》等儒學。十八歲醉心佛教修行，二十四歲著作《三教指歸》，闡明儒、釋、道三教應以佛教爲尊。三十歲由國家認證爲僧侶。翌年（八〇四年，唐德宗貞元二〇年）獲任第十六批遣唐使之留學僧，被賦與到長安求取《大日經》的任務。共有四艘船出海，每船一百人。途中遭遇颱風，第三、四艘沉沒，空海搭第一艘，日本天台密宗創始人最澄搭第二艘，都倖免於難。

八月十日，空海搭的船漂流到福州長溪縣赤岸鎮。福州觀察使閻濟美，不相信日本派來遣唐使，禁止他們上岸。遣唐使藤原葛野麻呂，就叫空海用漢文寫上岸請求書。閻濟美看到文章扎實、毛筆書法流暢，立刻以禮相待，將書信往上報，經朝廷認證無誤，一行人才北上長安。

阿字觀種子字曼荼羅　紙本墨畫
28.7 × 38.6cm
14至16世紀　京都東寺寶物館
修行者對「阿」字進行觀想、觀形、觀實相，證悟諸法本不生，確認自己原本就具有佛性。

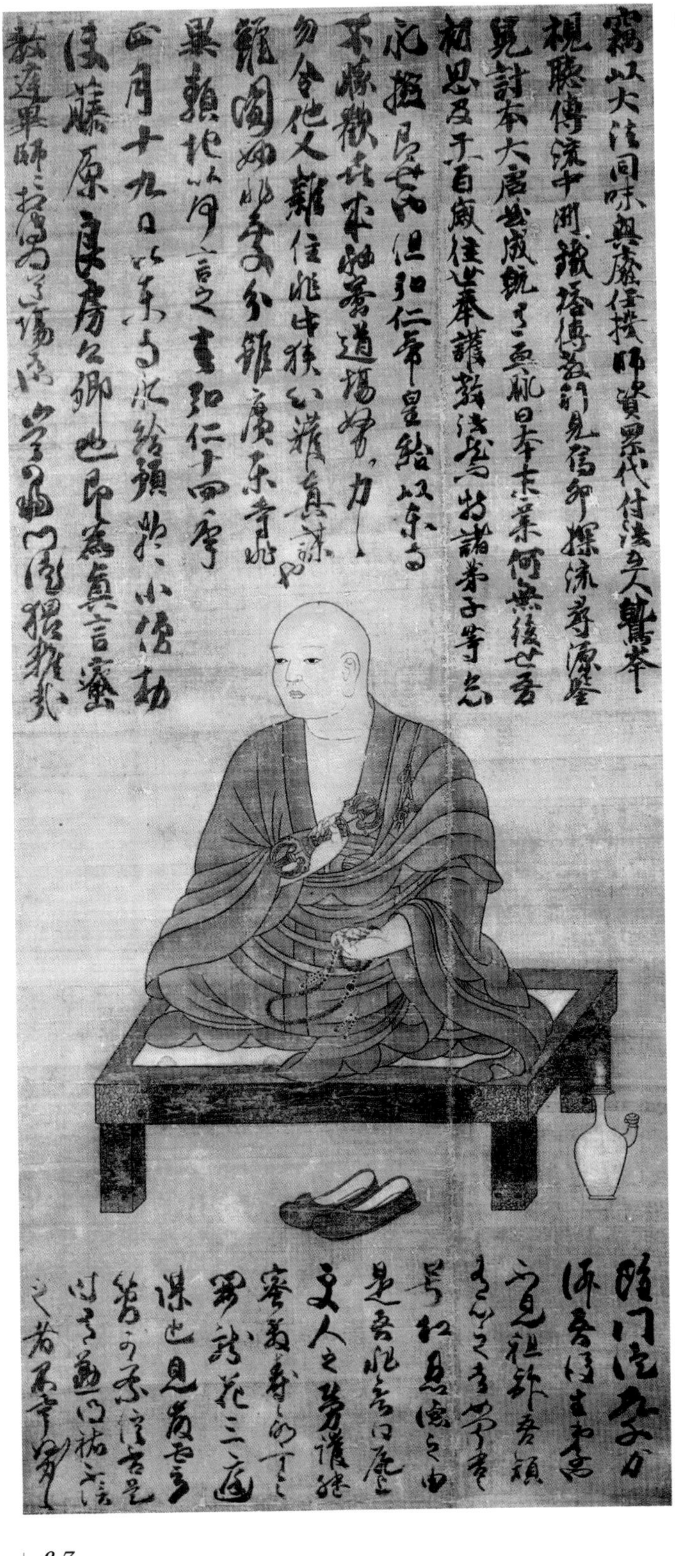

〈上圖〉修行「阿」字觀必備的胎藏大日如來種子字〈阿字曼荼羅〉　紙繪　14世紀　東京國立博物館

〈左圖〉談義大師（弘法大師）像　絹繪　141.9×61.7cm　13世紀　教王護國寺

弘法大師入定前，回答弟子實惠所問佛法要義，故名談義大師。右手於胸前外翻握金剛杵、左手握數珠，成為他的註冊商標。

空海的學習理解能力超強。八〇五年二月，空海跟隨天竺（印度）來的譯經僧般若三藏和牟尼示利三藏，日以繼夜學習梵語和婆羅門哲學，才三個月就透徹精通，般若三藏爲之書空咄咄，驚爲奇人。

長安是國際都市，空海順勢學習景教、伊斯蘭教、祆教、摩尼教等宗教思想，又深研中國文學、詩詞、繪畫與音樂等。他的宗教與文學造詣高深，成爲長安傳奇人物，被唐順宗委任爲修復王羲之殘缺函帖的第一人。

惠果六大弟子上首

西元八〇五年（唐順宗永貞元年，順宗僅在位八個月）是空海生命中最神奇的一年。六月初，他每天到真言宗魁首寺院青龍寺門前徘徊，忍住內心衝動不踏入寺院一步。一直到六月十三日，終於忍不住走進山門……。

青龍寺住持惠果（七四六至八〇五年），是密宗「付法八祖」及「傳持八祖」的第七祖，在五月染病，自知離大去之期不遠，苦於沒有傳人，雖故做安詳狀，卻掩飾不了憔悴身形。這天他突然問隨侍弟子說：「他來了沒有？」「阿闍梨（梵語上師之意）」弟子問惠果：「您問誰來了？」

此時，弟子進來報知「日本留學僧空海求見」。惠果面露微笑說：「終於來了，可惜時日不長。」

惠果立刻收空海爲弟子。在教育不普及的時代，學問淵博的出家人並不多見，只要稍具融會貫通能力很快就能出人頭地。空海挾其中文造詣高深又見識廣博，不但立即獲得惠果賞識，還成爲「六大弟子」上首。

惠果有六大弟子，經過審慎評估，只中意空海和義明，準備把中國真言宗衣鉢

弘法大師像　木造　高83.5cm　15至16世紀
教王護國寺

金剛界敷曼荼羅　絹繪　281.8×284.8cm　12世紀　京都東寺寶物館
日本「最古老、最大幅」的投華得佛灌頂曼荼羅，有尊像、三昧耶形還有梵文種子字。由於經常使用，破損很厲害，相對應的胎藏曼荼羅，已損壞到不易辨認。此圖的趣味性，在於敷曼荼羅都使用種子字或三昧耶形，本圖卻直接畫出法相，而且諸佛菩薩都面向主尊大日如來也是一大突破。

傳給義明，海外傳給空海，於是在這年六月，同時傳授他們胎藏曼荼羅儀軌、七月傳金剛界曼荼羅儀軌、八月進行阿闍梨灌頂。此時，還特地爲他們舉行「投華得佛」儀式。

兩界曼荼羅流落日本

投華得佛是曼荼羅功能之一，目的是讓弟子從恆河沙數的諸佛菩薩中，尋找與自己有緣份的本尊，藉由踐履「緣佛本尊」功德，達到佛我如一境界。六月，惠果要空海走入壇城，背對鋪陳地面的胎藏曼荼羅，雙手合掌，中指夾住樒葉（類似檀香樹的葉子）往後丟，飄到大日如來圖像上。七月則背對金剛界曼荼羅，樒葉飄到毘盧遮那佛圖像上。惠果大呼不可思議，因爲毘盧遮那佛就是大日如來，於是用大日如來當做空海的本尊。

這段時間，義明意外去世。惠果悲慟不已，要求空海修成祕法之後，必須留在中國發揚光大真言宗；空海答應了。惠果把常人要修行十年的儀軌，在三個月之內，對空海傾囊相授，心願了後，於十二月十五日圓寂。

才華洋溢的空海，受師兄弟推舉撰寫惠果的墓誌銘。嗣後，空海暗自改變心意，於次年三月攜帶惠果傳給他的法衣法器，啓程回日本。這一走，讓真言宗在中國的法嗣如斷線風箏，一直到現在仍然欲振乏力。

空海在八〇六年回到日本，隔年在京都久米寺傳授源自惠果的《大日經》。第四年，入宮爲天皇講解真言宗最獨到的「即身成佛」概念，並以辯經方式力挫華嚴宗與天台宗上師。八一九年，天皇把京都的東寺和高野山賜給他當做永久道場。

貝諾法王為筆者準備的投華得佛曼荼羅盤

3

2

1

6

5

4

兩界曼荼羅傳承上師　木造　89.2 × 59.1cm × 2.1cm　13世紀　日本高智縣金剛頂寺
1 龍智　大日經系統傳持八祖之二祖、金剛頂經系統付法八祖之四祖。
2 金剛智　中國真言宗初祖、大日經傳持三祖、金剛頂經付法五祖。
3 不空三藏　傳持四祖、付法六祖。
4 善無畏三藏　傳持五祖，與金剛智、不空並稱開元三大士。
5 一行禪師　傳持六祖，精通曆算，為世界著名科學家。
6 惠果阿闍梨　為傳持與付法八祖，和一行都是聞名的天才兒童。

空海將東寺佛堂僧舍的結構、佛像的造形安置、年中行事，以及僧眾生活起居規範等，都倣效中國青龍寺來做，以表示對上師惠果的尊敬與追憶。八三五年，空海以六十二歲高齡，在高野山圓寂，被尊為日本真言宗開宗祖師，謚號「弘法大師」。

空海從中國青龍寺帶走真言宗傳法信物三鈷杵，同時帶走數量龐大的漢文梵文佛經，以及絕無僅有的胎藏曼荼羅和金剛界曼荼羅。本書舉隅的兩界曼荼羅，包含原本先由惠果阿闍梨珍藏，後來被空海帶回日本，之後又被其他畫家臨摹的「惠果版」曼荼羅在內。

〈上圖〉長安青龍寺「惠果空海紀念堂」的兩位大師塑像，右為惠果，左為空海。
〈下圖〉胎藏曼荼羅　大正藏圖像部二　長谷寺版
〈左頁圖〉胎藏曼荼羅　絹繪　183.6×164.2cm　11世紀　京都東寺寶物館

伍・繪製胎藏曼荼羅要訣

【繪修曼荼羅儀軌次第】

繪製曼荼羅要經過地神同意

曼荼羅是藝術品，可是不能隨心所欲創作，因爲受到《大日經》掣肘，必須依照儀軌所示的步驟按部就班進行。

①擇日：原始曼荼羅都在地面上製作。首先選擇吉日，一年當中最好的時期是中秋月圓日起，到次年季春滿月那天爲止，共七個月，其次是夏季。每個月當中以初一、三、五、七、八、十、十一日，以及十三日到十五日等十天。每天則依曆書所載，選擇吉時「動土」。

②定方位：日期決定後，就尋找「方位」。最好的方位是庭院、廣場、僧院或村莊的東北方；不得已選擇其他方位，若與會者氣勢很弱，會招致傷病甚至死亡。在東方會傷到國王，使國家多災多難。西方讓上師傷亡、南方死弟子、北方入壇者遭災變、東南方降雨、西南方饑饉、西北方風雨不止；當然，爲了牽就場地實況，也有非選擇東北方以外之方位的情形。

③勘地：方位一經確定，就開始選擇製作曼荼羅的場地。找場地是非常繁複的工程，稍微漏掉其中一個環節就要捲土重來。首先必須觀地，觀察是否具備繪製曼荼羅的條件？交通是否方便？場地容納得下參與法事的人嗎？

大元帥曼荼羅　紙繪
60×46.1cm　13世紀
東寺寶物館　結構與
胎藏曼荼羅類似，主
尊大元帥明王，前方
為女性供養者。

元祿本胎藏曼荼羅　絹繪　410.9×379.2cm　19世紀　京都東寺寶物館
日本皇室大長老於元祿六年（一六九三年），命令宗覺律師正直臨摹的作品，珍貴之處在於這是一脈相承的最後一件胎藏曼荼羅臨摹本。

④乞地：向地神、主地女神或特定神祇請准，才進行淨地。把礫石碎瓦、毛髮糠糟和蟲蟻蜣螂等清除乾淨，並做類似蓋房子之前的動土儀式，取尚未落地的瞿摩夷（gomaya）及瞿摸怛羅（gomūtra）混合攪拌，把地面塗得非常均勻，瞿摩夷和瞿摸怛羅，是牛糞和牛尿的梵語。將持咒過的香水灑在地面，並在中心點埋入五寶、五藥與五穀。

⑤攝地：完成淨地，隨即進行嚴肅的攝地，表明鐵定不會更改場所的意志。之後，由最少四位上師在東西南北四個方位「獻曼荼羅」，以香粉香水和香花供養天龍八部藥叉、羅刹地神，稟報爲了修行需要，打算在這地方畫什麼名稱的曼荼羅。

⑥封印：最後依照儀軌，象徵性地用金剛橛封印，鉤召附近的各式各樣魔障，用金剛橛釘住，表示周圍所有惡趣都被清除（稱爲灑淨）。金剛橛同時具有結界（sīmā-bandha）功能，結界是界定區域，使內部製作曼荼羅的僧眾不會觸犯外界神祇，外部魔障無法進來干擾僧眾。完成這六個步驟，就開始進行正式繪製曼荼羅之前的儀式。

藏傳佛教胎藏曼荼羅繪製法（見九七、九九頁圖）

這時候，上師仁波切確認壇城中心點，在定點位置打下一根小木橛，以此爲圓心，畫出直徑約五十到六十公分的圓周，就把後續畫線問題交給弟子。

早晨第一道曙光照射到小木橛，在地面留下一道朝西方的細長黑影。弟子在黑影與圓周交叉的地方做上記號，這一點是西方的方向（圖②W點）。到傍晚，夕陽照到小木橛，弟子在細長黑影和圓周交叉的地方做一個記號，這一點

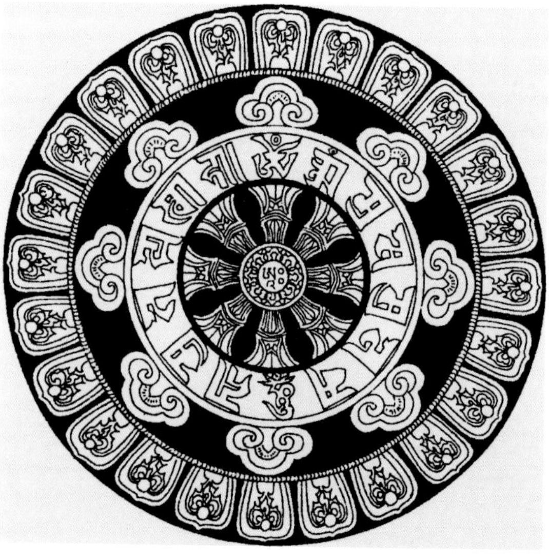

身語意具足觀想曼荼羅　影印稿　三最齋集藏

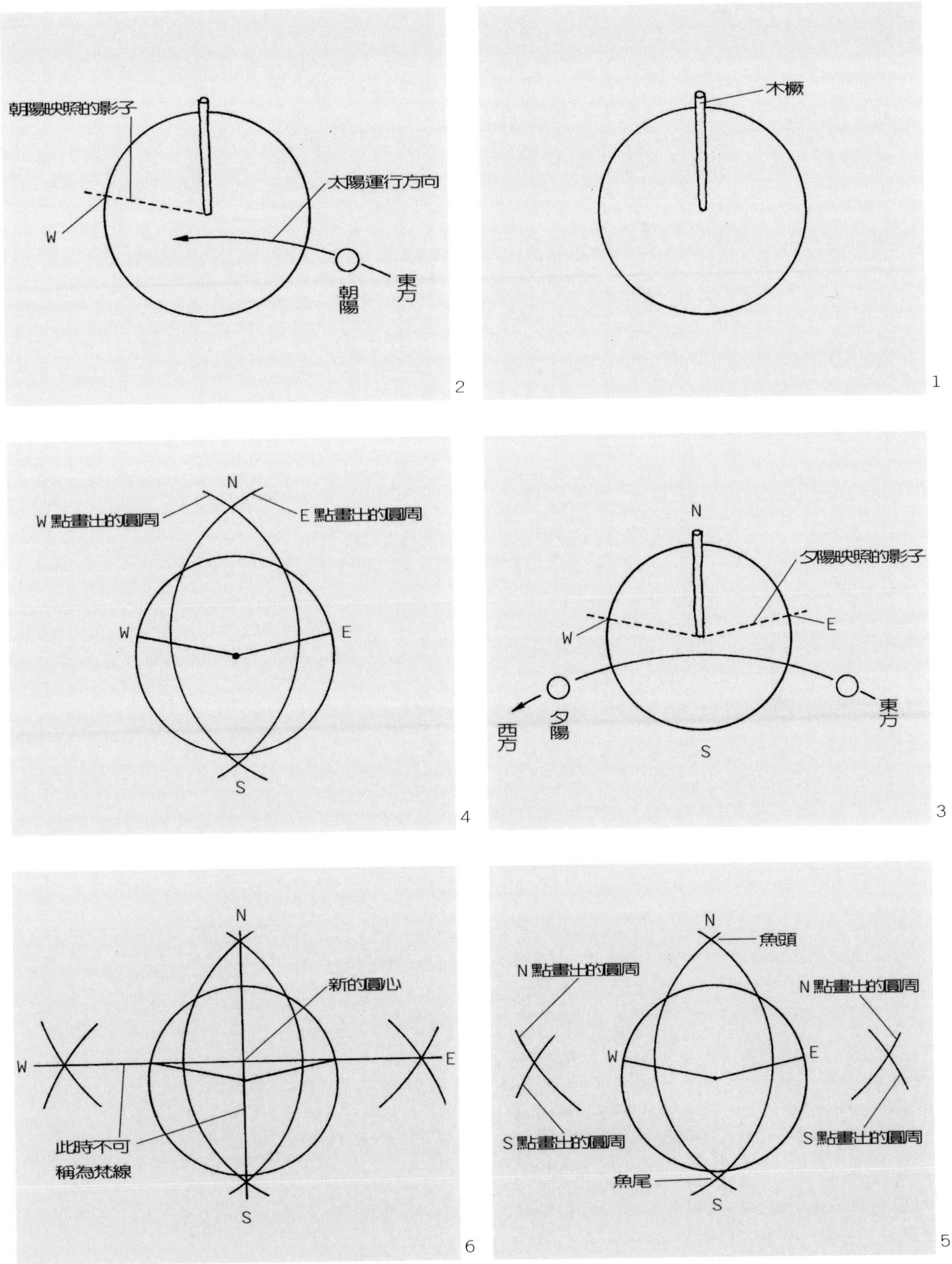

曼荼羅根本線及四隅畫法之一　蔡東照繪

是朝東的方向（圖③E點）。

弟子取「小於直徑、大於半徑」的長度當做半徑，分別以E點和W點爲圓心畫圓圈（圖④），兩個圓周在南方的S點與北方的N點交叉，兩點之間的橄欖球形很像是一條魚，朝北方的N點叫做「魚頭」、朝南的S點稱爲「魚尾」，把魚頭點和魚尾點連成一條直線，就成爲南北向的「經線」。

弟子取略短於NS線的長度當做半徑，分別以S點和N點爲圓心畫圓圈（圖⑤），兩個圓周在東方的E點與西方的W點交叉。在E點和W點上畫一條直線，成爲東西向的「緯線」（圖⑥），與南北向的經線垂直交叉成爲大十字形。此時，經線和緯線都是未來的「梵線」。

再取儀軌書規定的長度爲半徑，以經緯線交叉點爲圓心畫圓（圖⑦），分別留下圖例的ewns四個點（圖⑧）。接著用同樣長度爲半徑，以ewns四個點爲圓心畫圓（圖⑨），四個圓周於分別在ABCD四個點交叉，於AB兩點和CD兩點各連成一條長線，成爲西北與東南、西南與東北方向的兩條線，稱爲「角線」（圖⑩）。

自此時開始，東南方不叫做東南方，而稱爲火方、西南方名爲羅刹方、西北方是風方、東北方是自在方（伊舍那方）（圖⑪）。這樣的稱呼，源自製作過程中的曼荼羅八個方位，有八名天將在守護。《大日經》疏卷五記載：「修行的人應該知道護方八位，製作曼荼羅都隨八位而轉：首先是東方因陀羅，次第隨轉到南方焰摩羅、西方嚩嚕拏、北方毘沙門、東北伊舍尼、東南爲護摩、

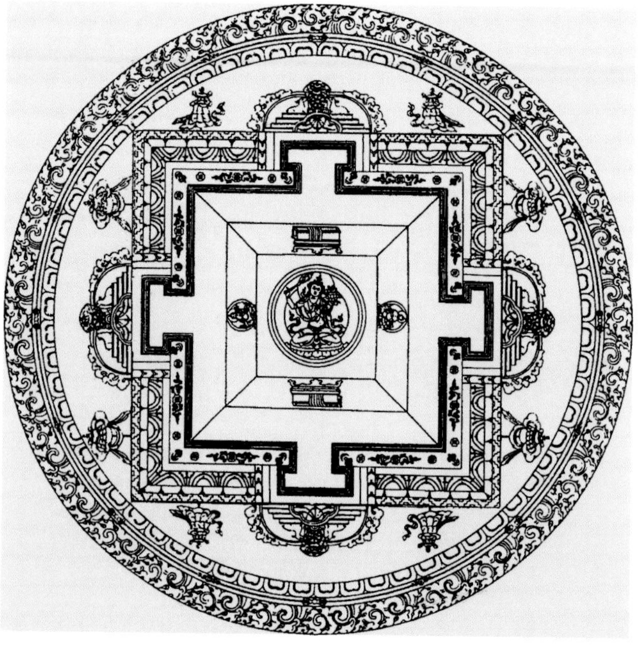

三部族尊曼荼羅　影印稿　清代
三最齋集藏
主尊文殊菩薩，左金剛手、右觀自在菩薩。滿清皇帝自視為文殊菩薩轉世，認為蒙古大汗是金剛手化身、藏族達賴喇嘛為觀自在菩薩化身，共成三姓族尊，以示滿蒙藏一家。西藏人尊崇達賴喇嘛，主尊以觀自在菩薩居多。

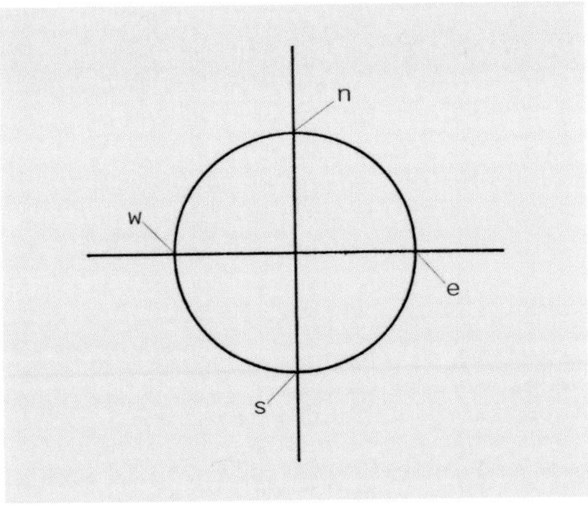

8

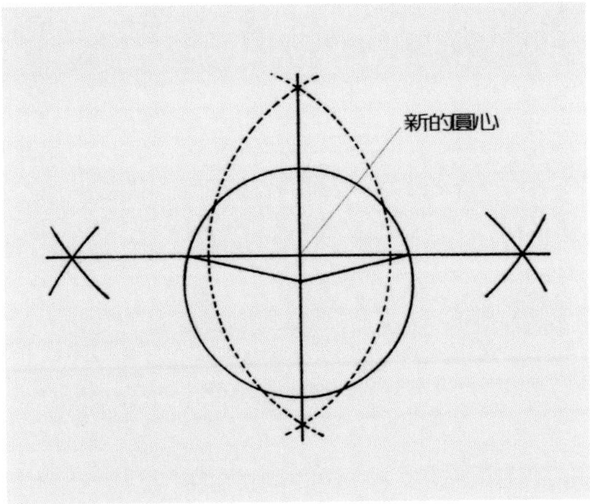

7

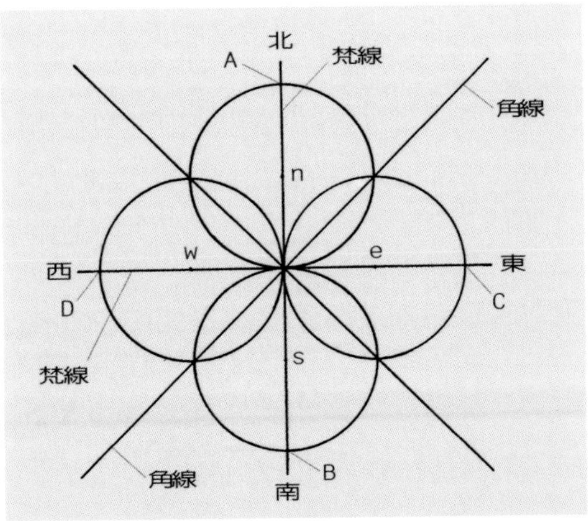

10

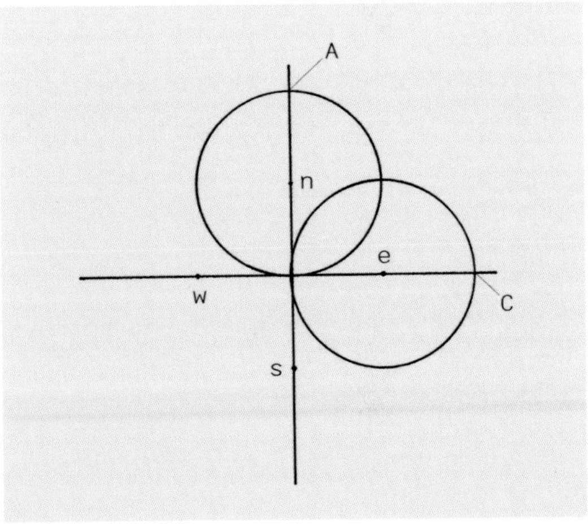

9

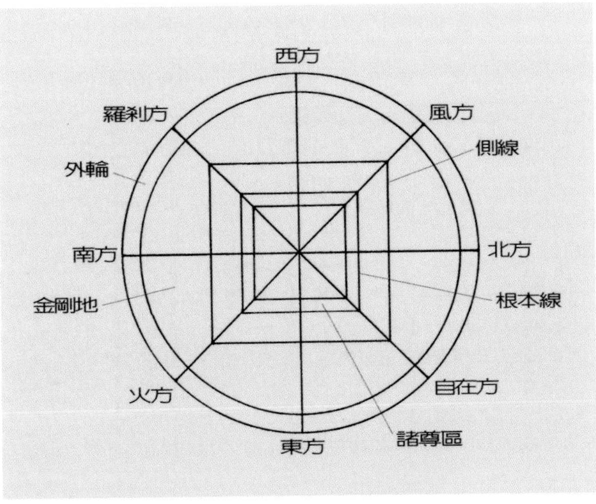

11

曼荼羅根本線及四隅畫法之二　蔡東照繪

西南涅哩底、西北為嚩庾。」

這段話在告訴製作曼荼羅的人說：八方天守護曼荼羅的八個方位，他們是東方帝釋天、東南方火天、南方焰魔天、西南方羅刹天、西方水天、西北方風天、北方毘沙門天、東北方伊舍那天。所以，八方位之東南西北「四方」的稱呼不變，其餘「四維」的稱呼改以四方天之名為名。不過，為免讀者閱讀不便，本書仍以地理方位稱呼八方位。

弟子畫兩條與東西向垂直、兩條與南北向垂直的直線，構成「宮殿最外層大四方格」，再往內側繼續畫二個等距離的四方格。外側大四方形格子是製作曼荼羅的基準線，是故，四條邊線都叫做「根本線」，簡稱根線。

根本曼荼羅黃金比例

繪製曼荼羅最常用「肘」當做測量單位，意指從肘關節到腕關節之間的距離，每個人的肘長不一樣，不過，固定用某人的肘為測量單位的話，比例並不會走樣，所以，每位畫師畫的曼荼羅，免不了面積或大或小，但並不影響曼荼羅的功能。人的手肘長等於腳掌長，在地面畫曼荼羅時，為了貪圖便利，偶爾就用腳掌代替手肘來測量（原則上被禁止）。和「肘」相當的單位是「一肘等於十二指幅」，其他比手肘長或短的測量單位還很多，敬請參閱拙著《神祕的印度唐卡藝術》。

胎藏曼荼羅圖形是外圓內方，四方形「根本線」範圍之內的，稱為根本曼荼羅。外圓和內方各有三層，外、中和內層三者之間，邊線長度比例依序是9：7：5；面積比例是32：24：25。如果根本曼荼羅的層數增加或減少的話，就

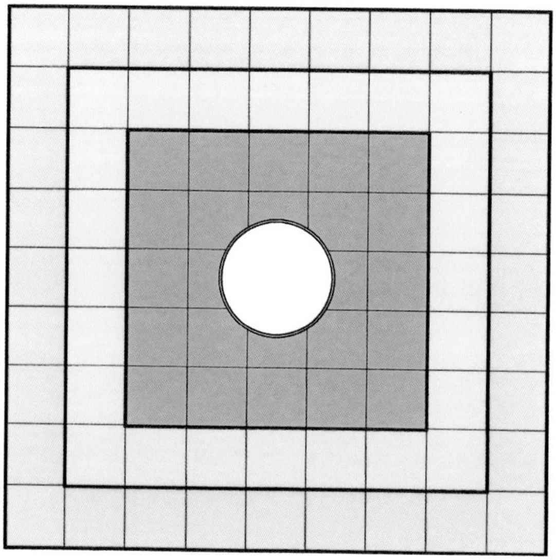

胎藏曼荼羅畫法　蔡東照繪　以格為單位，外層、中層與內層長度或寬度比率是9：7：5；面積（格子數量）比率是32：24：25。

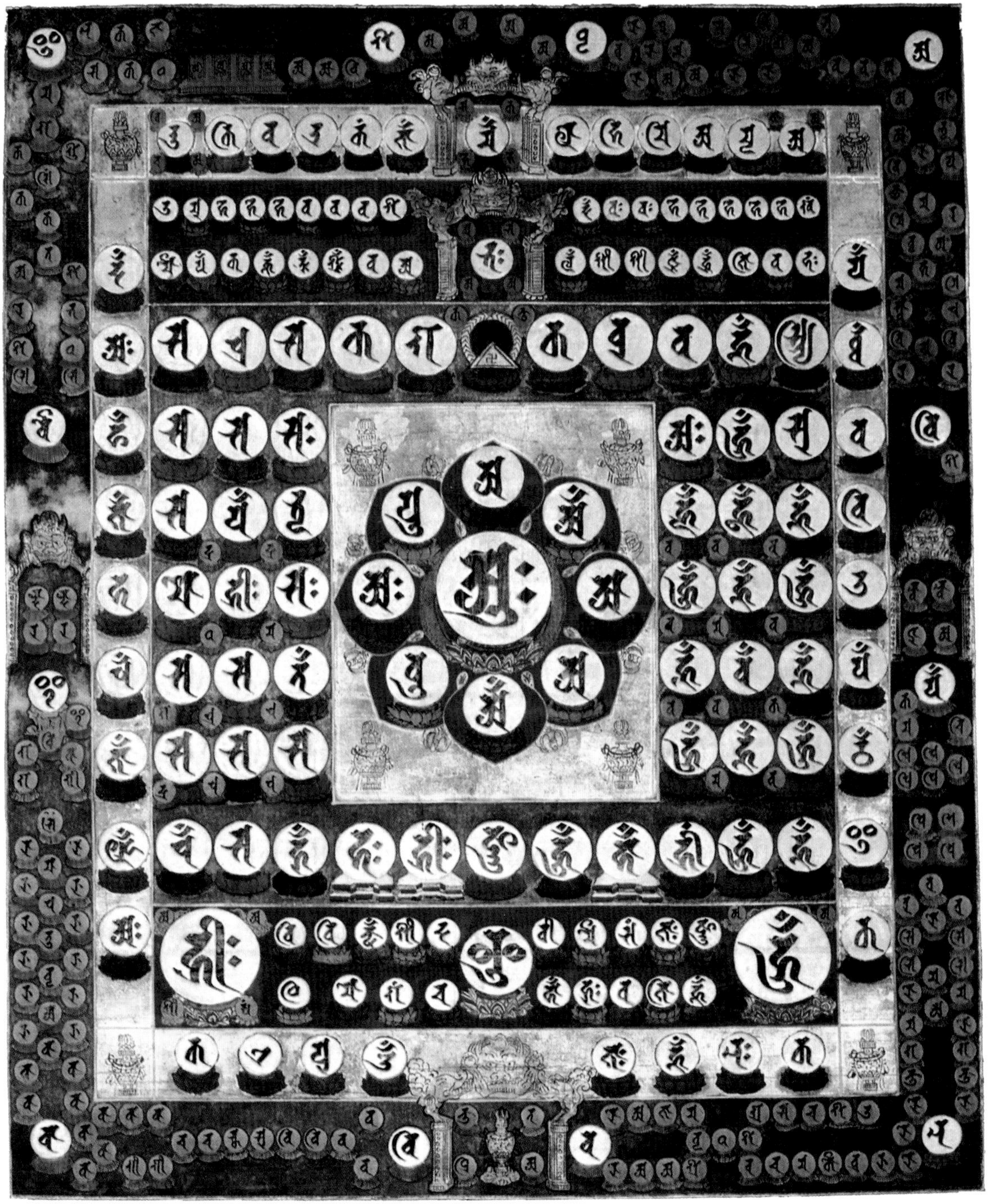

胎藏種子字曼荼羅　紙繪　70 × 58.4cm　18世紀　京都東寺寶物館
曼荼羅背面寫著：金剛珠院亮我於寶曆四年（1754年）奉請。梵文用木刻印刷。

依此比例增減即可。

最後，在圓心畫一個半徑比例數目為「一二」的小圓圈，圓圈裡面畫八瓣蓮花，中心的空白圓圈稱為「月輪」。線畫稿至此告一段落，然後用染好顏色的細紗，或是用毛筆沾顏料，依序在法本規定的位置上，繪製諸佛菩薩的形相或是三昧耶形就完成了。

藏傳佛教胎藏曼荼羅和金剛界曼荼羅，線畫稿雖然很繁複，但是難不倒畫師和參與其事的弟子。

在繪線過程中，弟子還必須抽時間準備接受灌頂前的功課，每天觀想及頂禮諸佛菩薩，通常在第六天準備就緒。這天晚上，上師帶領弟子，於線稿上面用彩色粉末繪製諸佛菩薩圖像，翌日拂曉之前要全部畫好。說實在，漢傳胎藏曼荼羅有四一二尊諸佛菩薩，藏傳胎藏曼荼羅有一二〇尊，要在一夜之間急就章完成，縱然大家同心協力總動員，可想而知，精緻程度難免差強人意。

第七天，弟子接受灌頂，獲得許可修行密宗儀軌。灌頂儀式結束後，再用刷子把圖像的彩色粉末刷到灌頂壇角落，裝入瓶內，拿到恆河邊撒到流動的河水裡，使天地萬物共享曼荼羅的福慧二資糧。

現在製作沙曼荼羅，不再受儀軌的時間約束而急就章。畫師有五到七天左右充裕時間，完成的作品非常精緻，等到儀式結束而要毀棄時，每每讓愛好藝術的人看了更加不捨，甚至覺得心痛。

曼荼羅線畫稿完成圖
陳靜惠繪

用五色線編製簡易型曼荼羅　苗勵青製作

被變性的一切如來智印

佛教與印度教的宗教藝術之「三角形」寓意，在前述【曼荼羅孿生姊妹揚陀羅】一節已經說過：△是男性原理，▽為女性原理。

胎藏曼荼羅是行檀陀羅的代表，有漢傳與藏傳二種版本。藏傳佛教大悲胎藏生曼荼羅，比較忠於原典《大日經》的內容，最明顯的差異出現於「遍知院」的三角形表現法。

藏傳版遍知院中央是呈倒三角形的「一切如來智慧」，左側為一切如來之母的「佛眼佛母」，右側是一切菩薩之德的三昧耶形「摩尼寶珠」三尊。

一切如來智慧的完整形狀，是八瓣蓮花之上，豎立倒三角形，在▽裡面豎立一把金剛杵。圖像學的蓮花和▽都是影射女性陰部，金剛杵則影射男性的性器官；金剛杵安置於▽之內，表示男女兩性原理密切結合，達到樂空雙運的極喜境界，以傳達「功能如女性子宮」的胎藏曼荼羅，孕育檀陀羅精華。

「性器官」思想不見容於保守的唐朝社會，於是畫師把倒三角形扶正，並用佛教正統原理將性因素消除。漢傳版遍知院中央是正三角形一切如來智慧，左是佛眼佛母和七俱胝佛母（即觀自在菩薩化身的准提觀音）、右為大勇猛菩薩以及大安樂不空真實菩薩（即普賢延命菩薩）等五尊。

〈右圖〉藏傳佛教胎藏曼荼羅主尊大日如來，頭頂上方三角形是一切如來智印，為胎藏法源。
〈左圖〉一切如來智印　元祿本胎藏曼荼羅局部　17 世紀　京都東寺寶物館
中央白色三角形為慈悲，火炎是智慧之火。上方卐字表示釋迦牟尼佛降伏四魔，下方卐字為除障後的清淨菩提心。

金剛亥母曼荼羅局部　布繪　13世紀　西藏（敏珠林喇嘛提供）
修行「施身法」的金剛亥母觀想曼荼羅，兩個正反三角形疊合，是金剛亥母曼荼羅的特徵。趣味性在於僅有主尊輪，卻在周邊方格子出現雙色身（表示雙腳站在兩個方位中線兩側）的四維空行母。右上方雙色身者為西北方夜摩齒、右下東北夜摩能摧、左上為西南炎摩使、左下東南夜摩熾燃等四空行母。

被改良的漢傳版一切如來智印，是在毘首蓮花上面，穩定放置四重正三角形，△裡面是上端熾燃烈火的卍字，△的兩腰燃起熊熊大火，稱為「三角智印」或「一切遍知印」，是「一切如來智印」的三昧耶形。

三角形智印頂端，又有一個烈火熾燃的卍字，兩腰是三小圈、一大圈正在燃燒中的圓形智火，最外圈是稱為「光圓」的圓形火燄（火的光圈）。整體而言，一切如來智印由三角形和圓形構成。佛教「五大」思想的三角形代表火，圓形代表水；水火表徵智慧火燒祛貪瞋癡三毒、慈悲水滋養萬德。

這麼一來，強烈的兩性原理看似被清除，其實是被隱藏了。影射男性原理的摩尼寶珠，托在大勇猛菩薩的左手中，影射女性原理的蓮花，在七俱胝佛母手裡。畫師以巧思淡化性原理，使胎藏曼荼羅免於被衛道之士責難。

佛教美術圖像學之摩尼寶珠的摩尼，為梵語 maṇi 譯音，本義就是寶珠，為所有寶石珠玉的總稱，它和金剛杵一樣，象徵男人性器官。揚陀羅美術盛行時代，圖畫裡面的寶石、鐵柱和石杵，都象徵濕婆神的男根（linga），漢語音譯「鄰伽」或「林伽」，佛經意譯為「生支」，是讓人莞爾的高竿譯名。

《大乘莊嚴寶王經》所載六字陀羅尼「唵・嘛呢叭咪・吽」，即大明六字真言，藏語讀音為嗡嗎尼卑美吽，梵語 oṃ maṇi padme huṃ 。嘛呢是摩尼寶珠、叭咪是蓮花，「嘛呢叭咪」意為蓮花中的寶珠，它的含意不言而喻！

六字大明咒的真正語意是說「頂禮蓮花上面的摩尼寶珠」，為阿彌陀佛對蓮華手菩薩（觀世音菩薩）的讚嘆語，阿彌陀佛用此讚嘆來證明蓮華手菩薩是一切福德智慧二資糧，以及一切德行的根本，亦即至善至美的菩薩。

〈右圖〉把代表性象徵的倒三角形撥亂反正之「一切如來智印」
〈左圖〉卍字毘首金剛杵八吉祥護符　西藏　三最齋集藏

上為原始的一切如來智慧印，下為七俱胝佛母及大勇猛菩薩像。金剛杵表徵男性原理，蓮華為女性原理。惠果版曼荼羅把性象徵隱藏在一切如來智慧印兩側的七俱胝佛母，以及大勇猛菩薩的手中持物中。

【突破傳統的叛逆佛尊】

佛教美術新世界

不論繪畫或戲劇，總是有些人看了大呼精采，有些人愈看愈迷糊。有句話說內行看門道、外行看熱鬧。面對五彩繽紛的胎藏曼荼羅，只要抓住以下竅門，不管多外行，很快就能夠品味曼荼羅美術的精髓。

一、曼荼羅不是平面而是立體

胎藏曼荼羅大小不一、比例均等的四個框框，中間一朵八葉蓮花圖案。看起來是平面的，實際上是立體的。請想像從天空往下觀看埃及金字塔，形狀是平面的正方形，側看變成立體錐形。同理可知，以平面圖來顯現的胎藏曼荼羅，側看是一座立體宮殿樓閣，裡面安住不少佛菩薩。《大日經》記載胎藏曼荼羅有十個房間，住了一二〇位佛菩薩。善無畏詮釋、惠果傳承的惠果版胎藏曼荼羅，樓閣增加二個廂房，諸佛菩薩增加到二〇五位。

二、八葉院是胎藏曼荼羅的心臟

胎藏曼荼羅正中央是中台八葉院，意爲位居中央的八瓣蓮花台座。把胎藏曼荼羅視爲宮殿樓閣時，中台八葉院就成爲樞紐，像樹幹年輪的中心，也像人體的心臟，梵語稱爲「自性真實心」(hrd 或 hrdaya)。

三、教大家力行三句法門

唐朝的《大日經》不是白話本，讀起來很吃力，其實隱藏的甚深道理，一

無螺髮釋迦牟尼佛坐像　砂岩　5世紀　78×51×25cm
印度拉克諾博物館
咸信是唯一沒有螺髮的釋牟尼佛坐像，右手結施無畏印，手掌指蹼很明顯，裸露上身呈現柔軟法相，是笈多王朝佛像代表作之一。底座雙獅、供養者及千輻輪，雕工精細。

元祿本胎藏曼荼羅中台八葉院　絹繪局部　17世紀　宗覺正直律師繪

點就通，主旨很簡單，是指導信徒從修行「因」到獲得「果」的三句法門：

①菩提心爲因，②大悲爲根，③方便爲究竟。

「菩提心」是大家都具有的佛性，平時被世俗煩惱障覆蓋，若能斷除煩惱即可清除蒙蔽塵埃，顯露自性清淨心。「大悲」是大乘佛教的根本理念，信徒必須經常抱持悲憫心，隨時幫助受苦受難的人。「方便」意指利用巧妙方法去實行。心存追求無憂無慮境界的理想，用悲天憫人的心，落實幫助需要被幫助的人，就是種善因得善果的三句法門本義。

複雜的胎藏曼荼羅等同圖像化的《大日經》，所表達的精神和《大日經》無異，也只是三句法門而已，曼荼羅圖像之①蓮華部的「能藏」是因，②金剛部的「智德」是根，③佛部的「圓滿」是究竟。

四、出現穿金戴銀的佛尊

印度、斯里蘭卡、印尼與東南亞地區，或我國、日本、韓國的寺院或佛教遺跡，舉目所見的佛像，都穿著袒露右肩的簡樸衲衣。

胎藏曼荼羅出現時，爲佛教美術史的「造像」帶來震撼。主尊大日如來法相如菩薩，長髮過肩，頂戴閃閃發光的五佛寶冠和耳璫、胸飾、瓔珞、臂釧腕釧與裙裳等；如此外貌和捨棄虛假飾物的僧形（光頭）如來截然不同。

寶冠瓔珞是印度帝王的裝飾品，影射大日如來是佛教世界的轉輪聖王、如來中的如來。叮叮噹噹的飾品透露訊息告訴世人，他是忠於三句法門，而獲得諸佛菩薩的福德與智慧資糧，眾生只要勤奮修行，照樣可以擁有。

大日如來以華麗菩薩形相出現，揭示再怎麼俗氣的東西都能夠被聖化；再怎麼庸俗的小人物，都可以放下屠刀、立地成佛。反過來說，再怎麼肅穆莊嚴的

〈右圖〉金剛界大日如來　絹繪局部　13世紀　高野山金剛峰寺　大日如來戴五佛寶冠。雙手於胸前，右手金剛拳印，握住左手食指成為智拳印。頭光及身光火燄熾盛，形如陽光普照世人。

〈左頁右圖〉女性形毘盧遮那佛　壁畫　拉達阿濟寺　烏金喇嘛攝影　阿濟寺三層殿二樓，東壁右側金剛界曼荼羅主尊毘盧遮那佛，在坐獸上結智拳印（大日印）。為了突顯女性形法相，除誇張豐滿胸部之外，還刻意讓左手尾指微曲外張，可見畫家對女性動作觀察入微。

〈左頁左圖〉毘瑟笯（毘紐天）化身的釋迦牟尼，於菩提樹下得道成佛。

如來，都和市井小民平起平坐、別無二致。

五、豐潤多肉的感官世界

佛像雕刻藝術的嚆矢，源自亞歷山大大帝遠征軍之手。希臘羅馬式雕像的人體本來就比較豐厚。到了金剛乘興起，男性諸佛菩薩除了身體厚實豐滿之外，還散發與女性菩薩相仿，難以言詮的肉感與性感韻味。這是男性觀音菩薩傳到中國，竟然變成女性的原因之一。

胎藏曼荼羅屬於密宗系統，興盛於六世紀末到七世紀初，受印度教充滿性感魅力的神祇造型影響，男性諸佛菩薩都擁有女性的柔和體態之美。到了十世紀末葉，密宗與同樣主張「廢除種姓歧視、反對夫死妻殉葬」、要求眾生平等的印度教濕婆派密切結合，特別是與「崇尚性慾」之濕婆派左道性力系（Vāmācāra Śākta・鑠乞底系）關係密切。

崇尚性力使男性諸佛菩薩充滿「環肥」形象，女性菩薩毫不遮掩地露出豐滿乳房。突兀的性觀念，打破了佛教遠離色誘的傳統主張，使密宗日漸墮落。十一世紀中葉，印度斯那王朝棄佛教而尊印度教。十二世紀末，回教軍隊攻入印度，消滅斯那王朝。一二〇三年，回教軍隊徹底摧毀佛教聖地超戒寺（超行寺・Vikramaśīla），佛教就此滅亡，密宗被印度教同化而消失。

也許有人覺得奇怪，不是斬釘截鐵說佛教在印度已經滅亡了嗎？爲什麼經常在 Discovery 電視頻道看到印度教徒瞻仰佛教遺跡、禮拜釋迦牟尼佛的鏡頭呢？其中道理很簡單，因爲印度教三大神祇的維持神毘紐天（Viṣṇu・毘瑟笯）有十二種化身，第九化身正是

釋迦牟尼佛。對印度人來說，頂禮的不是佛教釋迦牟尼，而是印度教毘紐天化身的釋迦牟尼佛。

六、三眼六臂十一面千手非人

後期佛教幾乎是密宗的天下，密宗又與印度教沆瀣一氣，連諸佛菩薩造像原理，都與印度教神祇造形輩輩難分。例如破壞神濕婆有兩隻眼睛、兩隻手臂或有四臂、八臂等不同形體。濕婆的妻子「難近女」（Durgā，又名善戰天女、自在天妃）竟然有三隻眼睛、十隻手臂或十八隻手臂。維持神毘紐天也有多臂像，創造神梵天（Brahamā）不但多臂而且有四張臉。

在胎藏曼荼羅裡，與此類似的有三眼三面四臂的不空絹索觀音、三眼六面六臂六足大威德明王、雙眼二十二面一〇八臂金剛藏王菩薩、三眼二十七面千手千眼觀自在菩薩等。

印度教神祇除了多臂之外，還有動物身體，如毘紐魚下半身是河魚。大頜神猴、豬頭天、人獅子、象頭天王，顧名思義可知擁有猴頭、豬頭、獅頭或者象頭。吳承恩《西遊記》筆下的孫悟空，就是以大頜神猴的神話故事為藍本。胎藏曼荼羅的象頭歡喜天、難陀龍王、豬頭遮文荼、馬頭鳩槃荼、馬頭觀音和鳥頭迦樓羅等都擁有動物頭。密宗神祇出現動物形相，是顯宗信徒完全無法想像與接受的。

其實，要說「非人」的話，佛教始祖釋迦牟尼正是非人的濫觴。佛經說釋迦牟尼有四十顆牙齒、舌頭可以舔到耳朵髮際、扁平腳、雙手長度過膝，體毛青色而且右旋、頭頂有肉髻、手掌指間有蹼……，這不是怪人才怪！

〈右圖〉象頭天王伽尼沙是濕婆神之子。持物金剛鉞刀、蓮華、食物丸子與寶鉢 。右手掌心有卐字，額頭有三寶標印，都是佛教標誌。
〈左圖〉孫悟空的本尊哈努曼，具有七十二變神通法力。

〈右上圖〉六臂觀自在菩薩　敦煌第 17 窟　絹繪　84.4 × 61.7cm　五代或北宋（10 世紀）　大英博物館　六臂觀音後上右左雙手撐托日月，前右左手於胸前兩側結外說法印，後下左手於左膝持寶瓶、右手於右膝捻數珠。

〈左上圖〉四臂觀自在菩薩　敦煌第 17 窟　絹繪　86.1×54cm　五代　大英博物館　四臂觀音後右左雙手撐高托月日，前右手當胸結施無畏印，前左手於左膝旁持寶瓶。左腳踩蓮花，與右腳踩蓮花的綠度母姿態相似。

〈左下圖〉二臂觀自在菩薩　敦煌第 17 窟　絹繪　102 × 75.5cm　宋太平興國八年（983 年）　大英博物館　左手托火如意寶珠，是地藏菩薩持物，供養者希望賜予地藏菩薩的消災增福、圓熟善根功德。日輪兩側寫著「惡童子供養／善童子供養」，祈請對家中的乖寶寶和壞寶寶一視同仁，施予垂憐悲憫。

欣賞胎藏曼荼羅美術第一眼

到美術館和藝廊參觀美術作品，或面對世界名畫，第一眼要從畫面的什麼角落看起，完全悉聽尊便。

然而胎藏曼荼羅和世界名畫不同，觀賞時要遵守一定的順序。以惠果版而言，首先要觀察最上層心臟部位的①中台八葉院，它是證悟的根本，把證悟能量流向上方（東方）的②遍知院，轉變為慈悲與智慧。再流向下方（西方）的③持明院，將攝受（和顏悅色講道理讓對方了解）與折伏（怒目厲言解析道理讓對方了解）融合於一體，以固守中央的中台八葉院。

第二層東方④釋迦院的釋迦牟尼佛落實悲智觀念，藉南方⑤金剛手院（代表無限智慧），和北方⑥蓮華部院（代表無限慈悲）教化眾生。而西方⑦虛空藏院則代表大日如來悲智合一，將無限福德施予現實世界的有情眾生。

第三層東方⑧文殊院對釋迦牟尼佛教法踵事增華，以菩薩道斷除違背義理的戲論。西方⑨蘇悉地院使大日如來福德更圓滿，教化眾生利己利人。南方⑩除蓋障院履踐金剛手院智慧，教導眾生藉修行觀想斷除煩惱。北方⑪地藏院充實蓮華部院觀音大悲心，教眾生出離迷情，步向菩薩道。

最底層⑫外金剛部院，以大日如來慈悲與智慧，激發眾生的善根以出離六道，直趨聖凡不二之佛陀境界，免受生死輪迴之苦。

由此可知，欣賞胎藏曼荼羅美術時，第一眼要落在中台八葉院，然後逐一掃瞄，最後巡視外金剛部院，才和胎藏曼荼羅說再見。

【備註】依《大日經》所說，胎藏曼荼羅僅有三重；本文依惠果版胎藏曼荼羅解析，故有四重。

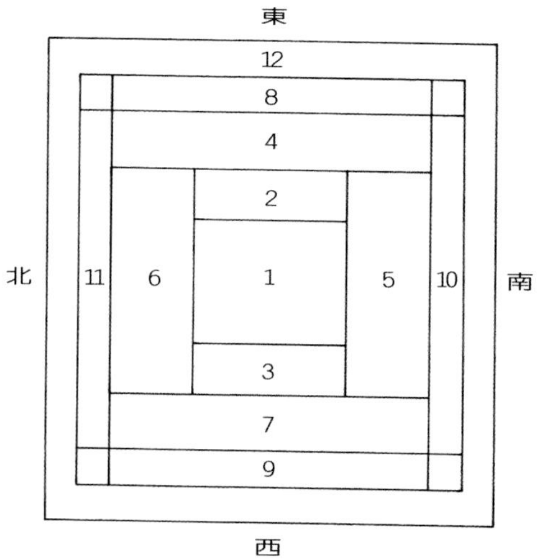

胎藏曼荼羅各院位置與名稱：1 中台八葉院　2 遍知院　3 持明院　4 釋迦院　5 金剛手院　6 蓮華部院　7 虛空藏院　8 文殊院　9 蘇悉地院　10 除蓋障院　11 地藏院　12 外金剛部院

藏傳佛教胎藏曼荼羅　布繪局部　14世紀　西藏中部
漢傳佛教惠果版曼荼羅主尊大日如來有四佛陪伴，藏傳胎藏曼荼羅並沒有四佛。行檀陀羅曼荼羅的紅色東方在上面。三角形法源「一切如來智印」，被移到西方，旁邊「寶形」的蓮花上面有寶石，象徵大慈大悲。

至於欣賞藏傳佛教胎藏曼荼羅的視覺動線，與惠果版胎藏曼荼羅一樣，都是由外往內欣賞。差別之處是，外圓內方的藏傳胎藏曼荼羅，外圓多了三個大圓圈，稱爲火炎輪、金剛杵輪和雜色蓮華輪。在外圓與內方之間，多出四個半月形的庭園，在庭園裡可以看到有屋頂的小閣樓，旁邊是蓮花上有寶瓶、寶瓶上有極樂樹，樹上有轉輪聖王八寶：①八幅法輪之「金輪寶」，②六只大長牙的「白象寶」，③身軀呈綠色的「紺馬寶」，④十六歲少女的「玉女寶」，⑤放出六種光芒的「神珠寶」，⑥手持寶物的紅色大臣之「主藏臣寶」，⑦身穿甲冑，手持長矛與盾牌的黑色將軍之「主兵臣寶」，⑧可以從裡面取出寶物，而且永遠取之不盡的「無盡藏瓶寶」等八樣人見人羨的寶物。

再旁邊還有色彩鮮艷，雀舌帶隨風飄搖的寶幡、法幢和傘蓋等，它們各含有特殊意義，於之後的【解讀祕密集會曼荼羅】一節裡，將做進一步解釋。

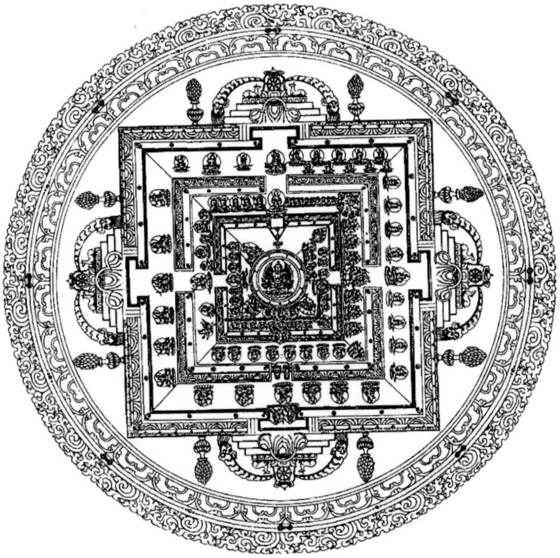

〈右頁圖〉胎藏大日現等覺112尊曼荼羅　布繪　26×26cm　19世紀　（敏珠林喇嘛提供）

〈上圖〉觀想曼荼羅系列之「銀河瞑想」局部　電腦畫　京都市立藝術大學教授前田常作（1926 –）　前田常作教授以胎藏生曼荼羅為藍本，創作煥然一新的系列作品，散發迷人震撼力。
〈下圖〉大悲胎藏生曼荼羅　影印稿　三最齋集藏

陸・金剛頂金剛界曼荼羅

【金剛界九會曼荼羅】

《金剛頂經》到底在說什麼

《金剛頂經》開頭說：如芝麻那樣多到數不盡的佛，像濃雲圍繞大日如來，一起到人間「一切義成就菩薩」的修行道場，對他說：「善男子啊！你歷經那麼長久的艱苦修行，爲何還不能證悟佛智和涅槃的奧妙呢？因爲你只知道忍受苦行，卻不知道一切如來的真諦。」

一切義成就菩薩聽了，如晴天霹靂、大夢初醒，立刻放棄了沉空滯寂的定住苦行（ācavāsāpānaka-samādhi），起身向大日如來和一切如來請益說：「請教導我正確修行法，告訴我一切如來的真諦。」於是，所有如來異口同聲爲他開示，教他修行五相成身觀，斷絕世間煩惱成就涅槃智慧。

說到這裡，涉獵過佛學的人，會聯想到苦行者釋迦牟尼。他離家出走，第一站就到苦行林修行，不食不飲，使身體枯槁不成人形。有天突然看破苦行的價值觀，於是放棄苦行，到尼連禪河洗澡淨身，走到菩提樹下靜思禪坐，終於證悟正道，成爲佛教開宗祖師。

釋迦牟尼出家之前，是迦毘羅城太子，名叫悉達多（Siddhārtha），由悉地siddhi（成就、圓滿）和阿羅他artha（義）組成。《佛光大辭典》說：

〈上圖〉釋迦牟尼身形曼荼羅　影印稿　西藏　三最齋集藏
主尊釋迦牟尼佛，東方（下方）金剛手，左旋為頂髻威光蘊、頂髻勝者、完全降伏、頂髻轉輪、頂髻完散、頂髻勝、頂髻白傘蓋。

〈下圖〉五方佛曼荼羅　木刻版畫　25 × 25cm　西藏　三最齋集藏
趣味性在於大輪外有小輪，右上小輪為蓮華輪，右旋依次為羯磨杵輪、金剛杵輪、財寶輪。

「悉達多意譯一切義成、一切事成。」

而「一切義成就菩薩」（Sarvarthasidhi）的梵文名字，是在薩縛 sarva（一切）之後，接上阿羅他與悉地組合而成，也就是說：一切義成就菩薩和釋迦牟尼名字相同、求道過程類似，可見一切義成就菩薩是得道前的釋迦牟尼。

一切義成就菩薩放棄苦行，在大日如來等的耳提面命下重新出發，修行通達菩提心、修金剛心、成金剛心、證金剛身、佛身圓滿等「五相成身觀」。後來，一切如來賜他祕密名號「金剛界」，爲他灌頂成爲金剛界如來。這時出現阿閦如來、寶生如來、觀自在王如來（阿彌陀如來）和不空成就如來，圍繞金剛界如來，形成以釋迦牟尼思想爲主的曼荼羅，就是金剛界曼荼羅。因此，將胎藏曼荼羅主尊大毘盧遮那如來、金剛界曼荼羅主尊毘盧遮那如來，都當做釋迦牟尼的投射身影，並不爲過。

大毘盧遮那如來（大日如來）、毘盧遮那如來，以及釋迦牟尼如來之間的差異，只是顯宗的釋迦牟尼佛成爲密宗化釋迦牟尼佛而已。金剛界曼荼羅的內容，是基於釋迦牟尼的思想，提出更進一步的「大三法羯」四曼思想，以及五相成身觀與唯識之轉識得智五部思想。

何謂金剛界曼荼羅

金剛界曼荼羅以《金剛頂經》爲藍本，是所有佛經中的最高頂的經典。可惜梵文本已佚失，僅存藏文與漢文本，而且是略譯本。漢文本有三種：

一、《金剛頂一切如來真實攝大乘現證大教王經》：唐代不空三藏譯，簡稱《不空金剛頂經》。

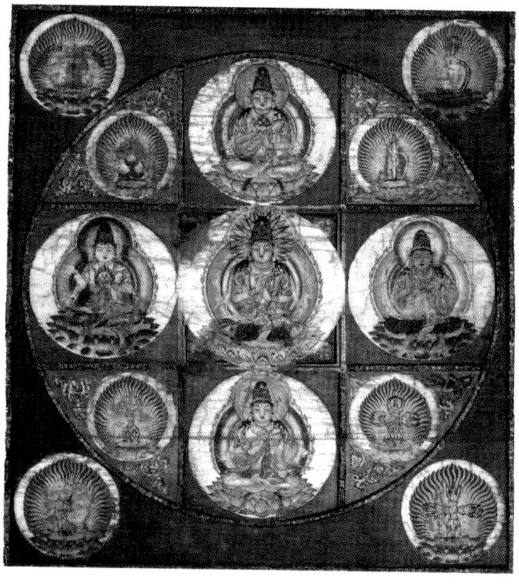

金剛界四印會曼荼羅　西院本（傳真言院本）
教王護國寺
結合成身、三昧耶、微細和供養等四會於一體，故名四印會。主尊大日如來及四方四佛為佛形，其餘為三昧耶形。四維自右上右旋為法、羯摩、金剛和寶等四波羅蜜菩薩，外院是歌舞嬉鬘等內四供養菩薩，合計十三尊。

元祿本金剛界曼荼羅　絹繪　410.9×379.2cm　19世紀　京都東寺寶物館
日本皇室大長老於元祿六年(一六九三年)命宗覺律師正直臨摹，是一脈相承的最後一件金剛界曼荼羅臨摹本。

二、《金剛頂瑜伽中略出念誦經》：唐代金剛智三藏譯，簡稱《略出經》。

三、《佛說一切如來真實攝大乘現證三昧教王經》：北宋施護三藏譯，簡稱《施護金剛頂經》。

密宗把大日如來本來存在的悟性（理性）稱爲「胎藏」、智德（感性）稱爲「金剛界」；金剛界曼荼羅是後期佛教密宗藝術的新起跑點。惠果版以九宮格形態呈現，故名金剛界九會曼荼羅，西藏金剛界曼荼羅，泰半只畫「成身會」一會，爲惠果版曼荼羅的九分之一而已。

九個曼荼羅國家組成聯合國

就經典而言，胎藏曼荼羅之源《大日經》被認爲是舊瓶裝新酒，《金剛頂經》是新瓶裝新酒。若從美術角度來說，九宮格的惠果版金剛界曼荼羅，與以往曼荼羅結構表現法迥異，被推崇爲革命性新曼荼羅。

佛經有長有短，《觀音心經》只有二百六十字，《大般若波羅蜜多經》則有六百卷二十萬頌、《大方廣佛華嚴經》有六十卷、《大寶積經》有一百二十卷，後三者都是大部頭佛經，以「叢書」型態編纂。

《金剛頂經》也是大部頭經典，有十萬頌十八會。現存《金剛頂經》是第一會（初會），稱爲《初會金剛頂經》。不空《金剛頂經》爲初會四品——金剛界品、降三世品、遍調伏品、一切義成就品——之中的金剛界品。施護《金剛頂經》則是初會四品全譯本。

十八會的會，是「法會」的意思。第一、二會爲毘盧遮那如來在色究竟天演說法會，第三會在法界宮殿，第四會於須彌山、第五會於波羅奈國空界、第六

5	6	7
4	1	8
3	2	9

〈右圖〉金剛界曼荼羅　大正藏圖像部二　長谷寺版〈左圖〉金剛界曼荼羅九會位置及名稱：　1 成身會　2 三昧耶會　3 微細會　4 供養會　5 四印會　6 一印會　7 理趣會　8 降三世羯磨會　9 降三世三昧耶會

金剛界曼荼羅　絹彩　183.6 × 163cm　11 世紀　京都東寺寶物館

會在他化自在天宮……。

施護《金剛頂經》及不空三藏譯《金剛頂經瑜伽十八會指歸》說，初會總共宣說十八種曼荼羅。惠果仿照十八會旨趣，自初會金剛界品（佛部）擷取六種曼荼羅、自降三世品（金剛部）擷取二種，自《理趣經》擷取一種，共九種曼荼羅以九宮格繪製出「九會」，每會都是獨立完整的「曼荼羅國家」，將九個國家組成聯合國式的金剛界曼荼羅，並賦予意義。

九會曼荼羅到底在說什麼

一、成身會：爲四種曼荼羅（簡稱四曼）之大曼荼羅、九會的根本會。宣說以五相成身觀成就佛身的智慧，有諸佛菩薩一〇六一尊。

二、三昧耶會：爲四曼之三昧耶曼荼羅。將成身會佛智具體化，有諸佛菩薩七十三尊。

三、微細會：爲四曼之法曼荼羅，教導眾生擁有堅固而且甚深細微的觀想法智慧，諸佛菩薩七十三尊。

四、供養會：爲四曼之羯摩曼荼羅。藉供養諸佛的虔敬心，讓眾生獲得成佛的智慧與功德，諸佛菩薩七十三尊。

五、四印會：爲四曼總集，表示四曼不離、攝於一會。針對剛入門修行者而設計的袖珍成身會，教導充滿業障、不了解所作曼荼羅的人，如何了解四曼四印，以及進入成身會與四印會曼荼羅的方法，有諸佛菩薩十三尊。

六、一印會：強調金剛界曼荼羅一切智德，皆匯流至單一主尊，象徵五智圓滿、獨一法身。本會僅有大日如來一尊，依據《金剛頂經》所言，一印會的

阿彌陀如來曼荼羅　壁畫　阿濟轉經寺新殿　烏金喇嘛攝影　主尊阿彌陀如來，於孔雀座上結禪定印。東方（下方）為毘盧遮那如來，南阿閦如來、西寶生如來、北不空成就如來。原本在西方的阿彌陀如來變成主尊時，西方由寶生如來補位。五佛被圍在圓圈形金剛杵輪內，像用魚眼鏡頭拍照，呈現凸面感覺，非常有趣。

〈上圖〉女性身金剛界曼荼羅壁畫　拉達克阿濟寺　烏金喇嘛攝影　把男性佛尊畫成胸部豐滿的女性形象，使人覺得突兀，其實寓意代表慈悲的男尊，同時具有女性的智慧。後來這種畫法遭到非議，於是改畫男性尊懷抱女性尊，成為樂空雙運之雙尊像的濫觴。

〈右下圖〉女性形西方阿彌陀佛

〈左下圖〉女性形南方寶生佛

單一主尊是金剛薩埵，可見惠果版曼荼羅和經文不吻合，是創新作品。

七、理趣會：大日如來顯現金剛薩埵法相，教化眾生如何昇華愛慾，成就佛陀果位。《金剛頂經》並沒有理趣會，是惠果依據不空翻譯的「大樂金剛不空真實三昧耶經・般若波羅蜜多理趣品」創造的，有諸佛菩薩十七尊。

八、降三世羯摩會：說明大日如來教化眾生的強烈意志，現忿怒相以降伏頑劣剛強、執迷於貪瞋癡三毒之不易教化的眾生，有諸佛菩薩七十七尊。

九、降三世三昧耶會：以三昧耶形表現，顯示大日如來誓願教導眾生以自性清淨之智光，驅除被塵垢蒙蔽的內心，有三昧耶形諸佛菩薩七十七尊。

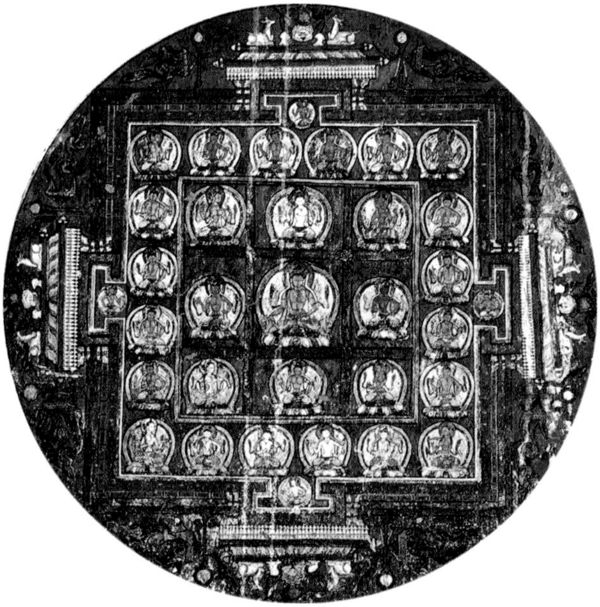

〈上圖〉金剛界大日如來曼荼羅　阿濟轉經寺大日殿　烏金喇嘛攝影
主尊毘盧遮那如來，第二輪四佛與四明妃、第三輪十六大菩薩、四維四供養菩薩。外圍四方形框內是佛部眷屬，從身色可以判斷他們所屬部族。
〈下圖〉寶生如來曼荼羅　壁畫　阿濟轉經寺三層殿　烏金喇嘛攝影
主尊寶生如來於寶馬座上結施與願印。宮殿之主殿為井字形桁樑，與圓形構造的阿彌陀如來曼荼羅大異其趣。

〈左頁圖〉高野山金剛界曼荼羅臨摹本

【金剛界曼荼羅美術觀】

金剛界與胎藏如難兄難弟

曼荼羅美術是依附檀陀羅而生的美術，檀陀羅循序時代腳步漸進，可以分爲四階段，泛稱四階檀陀羅，每階段有代表性檀陀羅。敬請參看附表：

	四階檀陀羅	代表性曼荼羅
①	所作檀陀羅	藥師如來曼荼羅・白傘蓋女曼荼羅 千手千眼觀自在曼荼羅・無量壽曼荼羅
②	行儀檀陀羅	惠果版胎藏曼荼羅・藏傳佛教胎藏曼荼羅 現等覺大日如來一二二尊曼荼羅 五文字文殊菩薩曼荼羅
③	瑜伽檀陀羅	惠果版金剛界九會曼荼羅・祕密文殊曼荼羅 藏傳金剛界曼荼羅・九頂髻釋迦牟尼曼荼羅 金剛界三十七尊曼荼羅・金剛手曼荼羅 惡趣清淨曼荼羅・最勝本初金剛薩埵曼荼羅
④	無上瑜伽檀陀羅	祕密集會阿閦金剛曼荼羅・勝樂曼荼羅 威羅瓦（怖畏）金剛曼荼羅・喜金剛曼荼羅 身口意具足時輪曼荼羅・佛陀髑髏盃曼荼羅

無量壽如來曼荼羅　影印稿　西藏　三最齋集藏　主尊無量壽佛，四方為東方（下方）金剛無量壽、南寶無量壽、西蓮華無量壽、北業無量壽；四維東南功德無量壽、西南智慧無量壽、西北不動無量壽、東北普見無量壽。

藥師五十一尊曼荼羅　布繪局部　19 世紀（敏珠林喇嘛提供）
作檀陀羅藥師曼荼羅主尊藥師琉璃光如來，蓮瓣東方（下方）大母般若波羅蜜，左旋為釋迦牟尼佛、善名、聲音王、金賢、無憂最勝、法稱海、神通王。

【備註】胎藏曼荼羅沒有界（dhātu），把「胎藏曼荼羅」稱為「胎藏界曼荼羅」為約定成俗用詞，但並不正確。

和上述行儀檀陀羅惠果版胎藏曼荼羅相對應的，是瑜伽檀陀羅的惠果版金剛界曼荼羅（Vajra-dhātu-maṇḍala），二者被視為一對，暱稱為金胎兩部，都在彰顯大日如來的功德。

胎藏強調眾生本具理性，講求理性與「因」，像胎兒在母親子宮裡孕育一樣，生出大悲、大智與大德。金剛界強調成就佛陀果位的法門，講求智德與「果」，本質堅固如硬度最高的金剛鑽，足以摧破眾生煩惱及業障功德，能摧毀一切而自身不被摧毀，和胎藏並稱「因果相應、理智一雙」。

胎藏曼荼羅的東方在上面（現代地圖北方），金剛界曼荼羅的東方在下面（現代地圖南方），所以胎藏曼荼羅從上面東方轉到下面西方時，正好接續金剛界曼荼羅下面的東方，再轉到上面西方，如日落日升、循環不息，使兩界曼荼羅產生周而復始相續關係。

美術上特殊色彩與突變圖像

一、五色五部繽紛色彩

行儀檀陀羅階段的胎藏曼荼羅，從佛的信仰延伸到菩薩信仰，又加入密宗色彩濃厚的金剛明王信仰，構成佛部、蓮華部（菩薩部）和金剛部等三部。

瑜伽檀陀羅階段的金剛界曼荼羅，依據修法需要，在佛蓮金（佛部、蓮華部、金剛部）三部之外，加上寶部和羯摩部，共成五部，並且用五種顏色代表

〈右圖〉金剛頂五部具會曼荼羅　影印稿
三最齋集藏　金剛界（如來部）、降三世（金剛界）、遍調伏（蓮華部）、一切義成就（寶部）與羯磨部組成五部曼荼羅。

〈左頁圖〉閻摩天曼荼羅　12至14世紀
京都國立美術館
漢傳佛教閻摩天為十二神將之一，圖像和降閻摩尊（大威德明王）相似，都以牛為坐獸，最明顯差異是閻摩天左手持生首鐽。前方是正在問案的閻羅王（閻魔王），後方是帝釋天與梵天。名為曼荼羅，卻看不到方圓要素，認真看就會發現人物排列井然有序，有無形的井字線隱藏其中。

五部，比胎藏曼荼羅增添色彩的豐富性。

二、圖像表現法更豐富

金剛界九會曼荼羅有佛一〇三六尊、菩薩二九七尊、忿怒明王四尊、執金剛神四尊、外金剛部一二〇尊，總共一四六一尊。五官衣飾縱然大同小異，手上持物、手勢和身色卻截然不同，堪用多采多姿來形容。

其中尤其增加許多新手印；大日如來在胎藏曼荼羅結法界定印（禪定印）或轉法輪印（說法印），在金剛界結新的智拳印（大日印、覺勝印）。胎藏無量壽如來結蓮華合掌印，在金剛界結新的禪定印或彌陀定印。

大日如來獨腳戲扮千軍萬馬

金剛界曼荼羅主尊大日如來具有五智，不過光看他本身，只知道具有法界體性智（dharma-dhātu-svabhāva-jñāna）而已。大日如來為了讓眾生知道「我還擁有四智」，於是「生出」四佛以彰顯自己的四智：

一、生出東方阿閦如來，主掌金剛部，現大圓鏡智，又名金剛智，是法界萬象如明鏡無垢的智慧。

二、生出南方寶生如來，主掌寶部，現平等性智，又名灌頂智，乃強調萬法平等無差別的智慧。

三、生出西方阿彌陀如來，又名蓮華觀自在王佛、蓮華王觀自在，或簡稱觀自在王，主掌蓮華部，現妙觀察智，又稱為蓮華智、轉法輪智，為巧妙觀察眾生機緣而能自在說法的智慧。

四、生出北方不空成就如來，主掌羯摩部，現成所作智，又名羯摩智，使眾

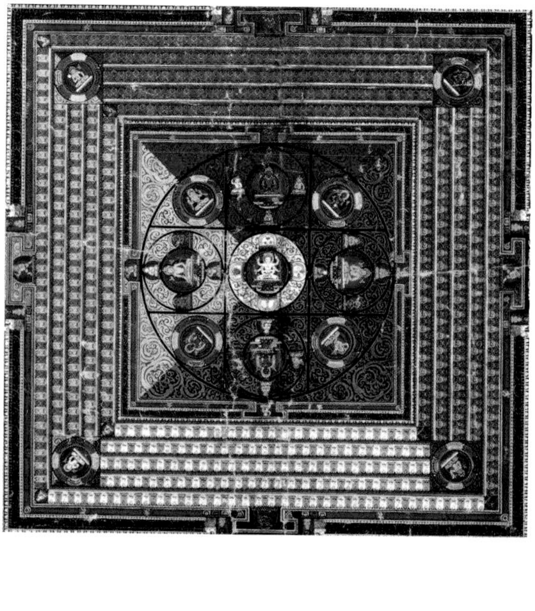

〈右圖〉金剛界曼荼羅　布繪　14世紀　尼泊爾（敏珠林喇嘛提供）

〈左頁圖〉蓮華空行母　布繪唐卡　83.8×56cm　20世紀　西藏　　空行母又名荼吉尼，在藏傳佛佔很重要位置，與上師、本尊、護法並稱四根本。圖為蓮華空行母，又名貪欲荼吉尼。看似一般唐卡，其實可以看到井字形隱藏線，諸尊中規中矩整齊排列在井字之中，可知是一幅羯摩曼荼羅

生所作事業圓滿，永遠脫離苦害災難、受無量喜樂的智慧。

「顏色」是曼荼羅美術的重點，爲區分四佛部族特性，大日如來自訂本尊身色爲白色，分身四佛之阿閦如來是藍色（藏青色），寶生如來是黃色，阿彌陀如來是紅色，不空成就如來是綠色。這五種顏色具有特殊意義，所以是「特定而且不可更改的顏色」。

大日如來「生出」四佛，將自身的五智藉四佛加以具象化。被生出的四佛爲了感恩，各自「生出」一位女菩薩回饋大日如來，即金剛波羅蜜菩薩、寶波羅蜜菩薩、法波羅蜜菩薩、羯摩波羅蜜菩薩，並稱四波羅蜜菩薩。

趣味的事情來了！大日如來覺得來而不往非禮也，又「生出」金剛嬉、金剛鬘、金剛歌和金剛舞等「內四供養菩薩」去服侍四佛。

四佛更懂禮尚往來，分別「生出」金剛香（金剛燒香）、金剛華、金剛燈和金剛塗（金剛塗香）等「外四供養菩薩」去服侍本尊大日如來。

【備註】 燒香是禮佛用的香，有炷香、臥香、丸香或粉末香等。塗香是塗在身上或手上，去除體臭以示對來客尊重，有香水、香油和香藥等。法會時，散撒在道場的粉末香也稱為抹香或粖香。修法建造曼荼羅，塗在地基上的是泥香。火葬使用的是薪香或名香薪。

大日如來獲得外四供養菩薩，覺得過意不去，第三度「生出」金剛鉤、金剛索、金剛鏁（鎖的古字）、金剛鈴等「鉤索鏁鈴四攝菩薩」，回饋分身四佛。就這樣，來來去去贈禮回禮，簡直是本尊和分身之間的遊戲。

幸好本尊大日如來與分身四佛之間的互贈行爲，到這地步就結束了，否則佛國世界或極樂世界，不「神滿爲患」才怪！

〈右圖〉金剛界降三世會忿怒阿閦如來　東寺西院本　教王護國寺　阿閦如來和他的眷屬，在降三世會都現忿怒相，以懾伏死不認錯的兇徒
〈左圖〉金剛界微細會諸尊，光背豎立金剛杵，表達具有纖細靈敏的智慧——金剛微細智。

毘盧遮那如來　壁畫　阿濟轉經寺大日殿　烏金喇嘛攝影
主尊四面毘盧遮那如來（大日如來），於獅子猊座上結智拳印（大日印・覺勝印）。第二輪東方（下方）為阿閦如來，南寶生如來、西（上方）阿彌陀如來、北不空成就如來。
大日如來與惡趣清淨儀軌（ durgatipariœodhana tantra ）主尊，結禪定印的一切智大日如來（普明大日如來・全智大日如來）長相雷同。

漢藏曼荼羅美術圖像差異

就如前述，諸佛菩薩變化來變化去，總數多達四百九十七尊，不過，大多數一再重複出現，實際上僅有八十七尊而已。金剛界曼荼羅獨立的九個會，僅降三世會和降三世三昧耶會足足有八十七尊，其餘最多的是三昧耶會、微細會和供養會，各有七十七尊。最少的是一印會，僅有毘盧遮那如來一尊。

藏傳佛教金剛界曼荼羅不若漢傳版那麼複雜，僅有相當於漢傳版成身會的一會。差別是漢傳版有六十一尊，藏傳版是典型的金剛界三十七尊加上賢劫十六尊，總共五十三尊。拉達地區就有最古老的變形五十三尊曼荼羅。

從美術圖像學來看，胎藏主尊毘盧遮那如來雙手當胸，結轉法輪印（說法印），藏傳版與漢傳版金剛界毘盧遮那如來，除了結轉法輪印之外，還有結大日印——雙手當胸，右手的手掌，握住左手食指或同時握住食指與中指，寓意悟道的最殊勝境界，故又名覺勝印。

就身色來說，毘盧遮那如來梵名本義爲太陽或陽光，身色是具有太陽性質的白色。東方阿閦如來藍色，爲天剛破曉的顏色。南方寶生如來金黃色，是日正當中的顏色。西方阿彌陀如來紅色，爲夕陽西下的顏色。北方不空成就如來綠色，是晴朗星空的顏色，爲免於與藍天雷同，故採用綠色。

漢傳版對五佛身色不做如上解釋，五佛的黃白紅黑藍色，稱爲五色界道，是對應佛教哲學「五大（構成宇宙的五種元素）」地水火風空的顏色。

再看藏傳版的坐騎，毘盧遮那如來是獅子，阿閦如來爲大象，寶生如來是吉祥馬，阿彌陀如來爲孔雀，不空成就如來是迦樓羅鳥，這些坐騎的共同特徵是行動敏捷，表示五佛彼此之間的交流迅速，互動良好。

藏傳佛教金剛界曼荼羅　影印稿　19世紀
西藏　三最齋集藏

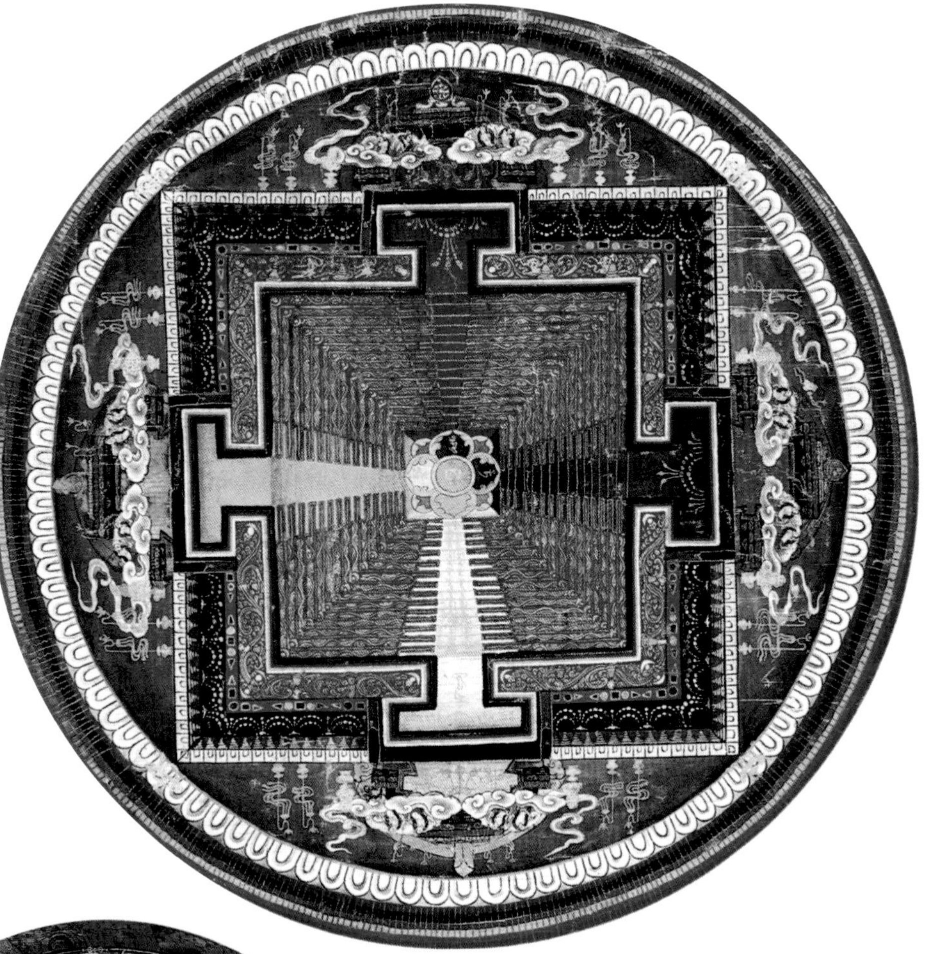

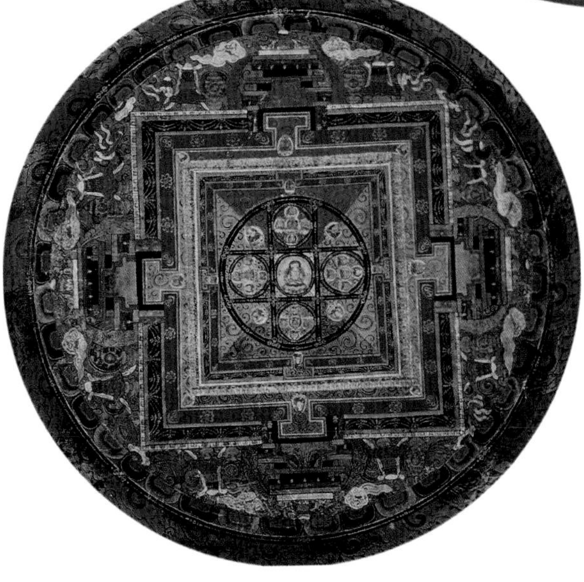

〈上圖〉觀自在菩薩種子字曼荼羅　布繪唐卡局部　18 世紀　西藏
〈下圖〉金剛界1037 尊全智大日如來曼荼羅　布繪　19 世紀（薩迦喇嘛提供）少數超過一千尊的曼荼羅，主尊四面二臂一切智大日如來。東方（井字下方）主尊金剛吽威聲、南寶吽威聲、西法吽威聲、北業吽威聲。外側迴廊東方為金剛部彌勒佛菩薩等248 尊、南妙藏菩薩等248 尊、西慧稱菩薩等248 尊、北美面菩薩等248 尊

柒・無上瑜伽部曼荼羅

【自詡無上的高才爵尊】

何謂無上瑜伽

金剛頂經系統曼荼羅圓熟之後，印度佛教走到衰頹式微的起點，顯宗光環褪色，密宗活躍在即將腐蝕的舞台，相對有趣的是，舞台下觀眾照樣座無虛席。從此以後，陸續問世的密宗經典統稱「無上瑜伽檀陀羅」。

【備註】於此再次說明：佛教顯宗經典叫做蘇多羅 sūtra，通稱「經」、「佛經」。密宗經典叫做檀陀羅 Tantra，又名「續」或「密續（祕續）」。

聽到「瑜伽」，任誰都會聯想到健美瘦身的「瑜伽術」。印度瑜伽學派根本經典《瑜伽經》（Yoga-Sūtra）說，瑜伽不但是很好的瘦身運動和調心行法，甚至可以修練出超能力；「運動」僅是瑜伽多重意義之中的一部分。瑜伽梵語 yoga，原義非常複雜，漢譯有：軛（牛軛）、繫、相合、精勤修學、精進（供養）奉行、方便（意指方法）、善住相應等。通用譯詞是「相應」。生活中的運動瑜伽術，意指肉體極度運動、調整呼吸、集中意念，最終達到與身體健康、頭腦清晰之相應目的。

佛經的瑜伽是「勤於做什麼，以便與何者相應」，尤其修止觀（止息禪定和智慧觀想）更是如此。瑜伽修行主要目的用來和「身語意三祕」相應。若把「瑜伽」解釋為「用某某方法努力去做」，佛學術語稱為「行法」，

〈右圖〉金剛亥母曼荼羅　線畫影印稿　西藏三最齋集藏　地基為毘首金剛杵，蓮瓣東方（下方）為金剛最勝祕女、南金剛最勝寶女、西金剛最勝威光女、北金剛最勝律女。

〈左頁圖〉怖畏金剛曼荼羅　布繪　42×42cm　19世紀（烏金喇嘛提供）　主尊九面三十六臂十四足怖畏金剛。井字形東方（下方）為愚癡降閻魔尊、東南金剛作行佛母、南慳貪降閻魔尊、西南金剛亥母、西金剛愛染降閻魔尊、西北金剛妙音佛母、北嫉妒降閻魔尊、東北金剛高理佛母。四門東為槌、南棒、西蓮華、北劍等四降閻魔尊。

或許比較容易體會瑜伽的意思。

至於無上瑜伽的無上，意爲絕頂、至高無上；無上瑜伽是「沒有比這個更高超的相應行法」。

為何浮詞濫調自稱無上

爲什麼佛教後期密宗檀陀羅敢自誇「無上」呢？

原因很多，不妨從俗話「放下屠刀，立地成佛」說起；《景德傳燈錄》、《五燈會元》和《朱子語錄》等古籍都有這句話。字面意思是「土匪或屠夫，只要不再殺人放火或殺生，馬上可以成爲像釋迦牟尼佛或阿彌陀佛一樣的佛陀。」

這裡的「佛」與藥師佛、彌勒佛之「佛」的語義不同，是指「覺悟者」。佛的梵語buddha，本意是覺者、知者、覺。《景德傳燈錄》第二十五卷〈金陵報恩院法安慧濟禪師篇〉記載：「要似廣額（謔稱大頭）兇屠，拋下操刀，便證阿羅漢

果。」

慧濟禪師不說成佛而說成阿羅漢，爲梵語 arhat 譯音，指獲得高深智慧、斷盡三界（欲界、色界、無色界）之「見與思」迷惑，而受到世人供養的聖者。故知放下屠刀、立地成佛隱喻改惡從善，會立即獲得善報。

顯宗信徒不論如何修行都不會成佛；像基督徒一樣，再怎麼虔誠信仰，只能在去世之後永生天國，而不能變成耶穌第二，更不可能成爲上帝。同樣，在顯宗信徒內心深處，踐行釋迦牟尼教義，目的是盼望來生轉世到阿彌陀佛西方極樂世界，而非奢望成爲釋迦牟尼第二或阿彌陀佛第二。

成佛對顯宗信徒是癡人說夢，對密宗信徒卻是可以馬上兌現的支票：遵守儀軌修行即可瞬間成佛。密宗三次元的人本主義覺醒意識，讓人在覺醒之際「即身成佛」，如密宗「發菩提心文」說：

皈依無上三寶佛法僧　未證菩提誓言不退轉
勤行六波羅蜜戒定慧　利益眾生我願速成佛

密宗信徒爲了眾生，必須趕快成佛，救度眾生。顯宗說凡人可以成佛，是鼓勵人的話，而非肯定可以成佛。密宗說可以當下獲得佛陀果位，才是「放下屠刀，立地成佛」的真諦，所以密宗檀陀羅敢自詡是無上的。

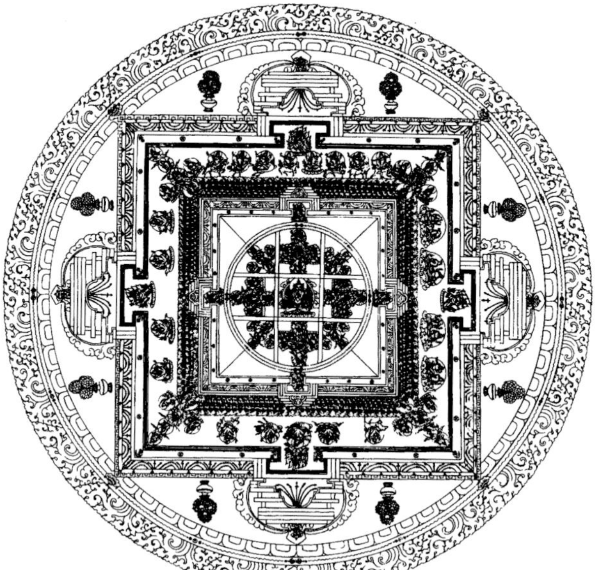

〈右圖〉降三世品所說金剛界曼荼羅　線畫影印稿　西藏　三最齋集藏
〈左圖〉金剛亥母種子字曼荼羅　影印稿　九世紀　西藏三最齋集藏

大白傘蓋佛母曼荼羅　布繪唐卡　41 × 41cm　蒙古伯多汗博物館
主尊白傘蓋，蓮瓣東方（下方）大激怒女、左旋為蓮華明相女、大燃女、無能勝佛母、白衣明妃、金剛具水女、綠度母、勝者金剛女。四門東方為金剛繫羊索女、南金剛孺童女、西金剛手女、北寶金剛女。

【黑話隱語相隨婀娜姿色】

祕密集會檀陀羅為性解放嚆矢

立地成佛，是密宗檀陀羅自豪「無上」的理由之一；振臂倡言「性解放」的新主張，則使顯宗蘇多羅（顯宗經典）無法望其項背。

瑜伽檀陀羅首要經典是《佛說一切如來金剛三業最上祕密大教王經》，即《祕密集會檀陀羅》（Guhyasamāja-tantra 或 Tathāgataguhyaka）。藏文《一切如來身口意大祕密之祕密集會名儀軌大王》，以下簡稱祕密集會經。

這部經用了一些影射性行為的隱喻語，以及印度教瑜伽的性供養術語，主尊是以慈悲為主的父檀陀羅泰斗，最上祕密大教王又名祕密集會金剛，簡稱祕集金剛，真正身份是阿閦如來（阿閦金剛佛）。請參見《神祕的印度唐卡藝術》第六單元【聖者智者阿底峽祕密集會金剛】一節。

喜金剛檀陀羅首創四喜之樂

繼祕密集會經之後，出現以智慧（般若、空無）為主的母檀陀羅先驅經典《呼金剛檀陀羅・Hevajra-tantra》，又名喜金剛檀陀羅、喜金剛本續或喜金剛本續王。主尊呼金剛，泛稱喜金剛，為金剛薩埵的化身。

梵文經典原名為Mahātantrarāja-māyākalpa（大檀陀羅王幻化儀軌），或名Hevajra-dākinījāla-sambara-tantra（呼金剛荼吉尼根本最勝檀陀羅）。漢文

佛智足　八世紀後葉密宗思想家，祕密集會「智者支」創始人。

〈上圖〉祕密集會文殊金剛十九尊曼荼羅宮殿（薩迦喇嘛提供）

〈下圖〉佛智足支智者系文殊金剛十九尊曼荼羅　影印稿西藏　三最齋集藏　主尊雙身文殊菩薩，東方（下方）為大日如來、左旋依次為寶生佛、無量壽佛、不空成就佛；四維右上白衣佛母、右旋為多羅母、佛眼佛母、我母摩摩枳。

本有宋朝譯經僧法護（北印度迦濕彌羅國人）翻譯的《大悲空智金剛大教王儀軌經》，簡稱大悲空智金剛經。

呼金剛的呼（he），梵語文法屬於呼喊、呼叫的「閒投詞」或「呼格」的前置詞，例如我們跟走在前面的張先生打招呼時，會這麼說出口：「乀，張先生……。」

乀就是呼叫他人的閒投詞。佛經把 he 譯成「唯」，取自唯唯諾諾的唯。大悲空智金剛經將 he 譯成大悲空智，簡稱空智。「喜」是梵語譯音。

佛經把人名 **Heluya** 譯成醯魯耶、**Hevara** 譯成奚婆羅，**he** 的發音都是譯為「西」，所以音譯「喜」並無不可，何況此經首先具體談到「四喜」（喜、勝喜、殊勝喜、俱生喜）修行法，譯爲喜還真貼切。

《喜金剛檀陀羅》脫胎自金剛頂經十八會之第九會「一切佛集會拏吉尼戒網瑜伽會」（已佚失）的根本經典：一切如來和合寂滅根本荼吉尼儀軌檀陀羅，簡稱「三摩瑜伽檀陀羅」（Samāyoga-tantra）三摩瑜伽是寂滅、息念或接觸、和合（擁抱或做愛）的意思。

四部檀陀羅最初的事和作檀陀羅，把諸佛菩薩分爲世間部與出世間部。世間部包含藥叉部、財寶部和世間部等三部。出世間部包含如來部、蓮華部和金剛部等三部。本單元的瑜伽檀陀羅把諸佛菩薩歸類爲五部：佛部、金剛部、寶部、蓮華部、羯摩部。進入無上瑜伽檀陀羅時，增加金剛薩埵部或金剛持部。

佛經對金剛持、金剛薩埵和祕密主的名稱與身份，有時視爲各自獨立的個體，有時三者不分、混爲一談。金剛持在第六部的稱呼是佛陀金剛持或是金剛持佛，

吉祥喜金剛九尊曼荼羅　線畫影印　西藏三最齋集藏
主尊喜金剛，八片蓮瓣四方為東方水牛女、南方盜族女、西屍鬼女、北大食女；四維東南山林女、西南旃陀羅族女、西北専必尼族女、東北獵人族女。族女，屬於種姓制度之外的不列名階級。

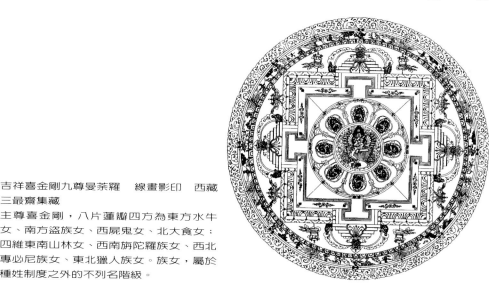

〈上圖〉 舞戈喜金剛曼荼羅宮殿　14世紀　中部西藏
主尊喜金剛，蓮瓣東方（下方）為水牛女，左旋為山林女、盜賊女、旃陀羅女、起屍鬼女、專必尼女、大食女、獵人女。
〈下圖〉 無我女曼荼羅宮殿　16世紀　中部西藏（貝瑪喇嘛提供）

為釋迦牟尼佛在色究竟天傳金剛乘時的名號。

後期無上瑜伽檀陀羅的金剛薩埵，位階高於佛部毘盧遮那如來，他的身份有時候又和金剛部阿閦如來同體，因此，阿閦如來（不動佛）的位階也高於毘盧遮那如來。此外，三摩瑜伽檀陀羅把前述六部改成相對應的六族：

①毘盧遮那族。

②遏羅迦族（藏文為勝樂族）。

③金剛日族。

④蓮華舞自在族（蓮華妙舞自在王族）。

⑤最勝馬族（藏文為寶馬族或勝自在族）。

⑥金剛薩埵族；基於此因，金剛薩埵被暱稱為「第六佛」。

喜金剛檀陀羅擷取三摩瑜伽檀陀羅之②遏羅迦族精華，加油添醋成為舉足輕重的經典，整部經文脈絡之間，和合恩愛的朦朧語意此起彼落。遏羅迦又音譯為呬嚕歌（呬讀音如細）、呬嚕迦或黑如迦等。

大悲空智金剛經妖嬈色劍

法護翻譯很多佛經，每部都很難看懂，這是有原因的。他的《大悲空智金剛經》第一品之金剛部序品寫道：「一時薄伽梵，住一切如來身語心金剛喻施婆倪數祕密中祕密，生出妙三摩地……。」

這段話實在很難揣摩到底在講什麼。縱使查閱佛學辭典，也只能似懂非懂。

這句話的意思是說：「那時候的釋迦牟尼，住在相當於毘盧遮那佛之身體、語言與心意境界之金剛喻施婆倪（即金剛瑜伽女・Vajrayogini）的陰道裡面，

黑行者支語意心髓喜金剛曼荼羅　布繪　11世紀（薩迦喇嘛提供）
〈右圖〉喜金剛語曼荼羅　喜金剛一面四臂二足，懷抱明妃金剛無我女。
〈中圖〉喜金剛意曼荼羅　喜金剛三面六臂二足，懷抱明妃繫羊索女。
〈左圖〉喜金剛心髓曼荼羅　喜金剛一面四臂二足，懷抱明妃金剛無我女。

黑行者支喜金剛身曼荼羅　布繪　11 世紀（薩迦喇嘛提供）
喜金剛九尊身曼荼羅，主尊喜金剛一面二臂二足，懷抱明妃金剛無我女。眷屬八識智女，東方（下方）為遨哩妃、左旋為陬哩妃、尾多哩妃、遏摩哩妃、卜噶西妃、設縛哩妃、贊拏哩妃與謍弭尼妃。

不受自身或外在的任何干擾所困，內心平和安詳，產生臻於專注的境界……。」

在傳統孔孟禮教思想緊箍的環伺之下，法護哪裡敢直譯陰道二字？因此不得不用難解的「祕密中祕密」來取代。「住在金剛瑜伽女的陰道裡面」，當然不是整個人住進去，而是指男人的那話兒放進去；法護一再隱諱與性行爲有關的梵文字彙，難怪大家看不懂他在翻譯什麼，這是可以理解的。

《大悲空智金剛經》第七說密印品，談到類似江湖黑道的手印問訊祕訣，提醒修行者：看到對方伸出一根手指頭，你要伸二根；對方伸出無名指，你要指自己的脖子；他指胸部，你就指髮際。

還有不想讓外人聽懂的隱語，如溫馴兔是月亮、伏魔者是太陽；紅菩提心是經血、白菩提心是精液；水是尿、藥是大便、金剛是肉等等。

第十品之後，教導利用兩性交歡來獲得修行成就，內容並不屬於本書藝術範疇，就此從略。縱然說《大悲空智金剛經》內容充斥性行爲，甚至被鄙夷爲墮落的經典，不過它獨特的生理學說，卻成爲後來所有母檀陀羅的範本。強調生死即涅槃、屠夫可成佛、二元對立其實是絕對統一（不二如一），還有就是創立四歡喜和四灌頂儀軌，成爲其他檀陀羅理論的師法對象。

大成就者真福王（因陀羅部底）的《智慧成就法》（Jñāna-siddhi）說：「檀陀羅之道很可貴，雖然無與倫比，但是它比戲弄獰猛惡虎還危險、比赤腳踩在銳利鋼刀上更容易受傷。」

金剛幕五部空行曼荼羅壁畫（薩迦喇嘛提供）
中央為金剛薩埵部之意空行曼荼羅，主尊意空行喜金剛。東方（下方）毘盧遮那部利益曼荼羅，主尊常喜金剛。南寶生部金剛日曼荼羅，主尊寶王喜金剛。西無量壽部蓮華舞自在曼荼羅，主尊馬頭喜金剛。北不空成就部最勝馬曼荼羅，主尊最勝馬喜金剛。四門之東門金剛鉤女、南金剛索女、西金剛鎖女、北金剛鈴女。

無上瑜伽檀陀羅佛經終結者

無上瑜伽檀陀羅的藝術起始於祕密集會曼荼羅，終結於時輪曼荼羅。起始與終結之間，出現許多具有代表性的珍貴曼荼羅如下：

一、無上瑜伽父檀陀羅主要曼荼羅

聖者支祕密集會金剛三十二尊曼荼羅

智者支祕密集會十九尊曼荼羅

祕密集會世自在十九尊曼荼羅

威羅瓦金剛（大威德明王）十三尊曼荼羅

大輪金剛手十三尊曼荼羅

寂靜忿怒一一〇尊（文武百尊）曼荼羅

二、無上瑜伽母檀陀羅主要曼荼羅

三摩瑜伽檀陀羅曼荼羅（最古老的母檀陀羅）

薩迦果譯師支喜金剛九尊曼荼羅

金剛空行勇父五十八尊曼荼羅

魯易巴支勝樂六十二尊曼荼羅

六轉輪王六十二尊曼荼羅

三、無上瑜伽父母不二檀陀羅主要曼荼羅

時輪摩訶勝樂六十四尊曼荼羅

身口意具足時輪七一四尊曼荼羅

時輪曼荼羅出現時，印度教濕婆派、毘瑟笯（毗濕奴）派、性力派三足鼎力，把佛教的生存空間擠壓到喘不過氣，屋漏偏逢連夜雨，回教大軍攻陷印度鄰近佛教國家阿富汗，使其淪爲回教國家，接下來要攻打的對象就是印度。發現警訊的印度教、耆那教與佛教信徒站在同

大輪金剛手曼荼羅　影印稿　28×28cm
三最齋集藏
大輪金剛手（Mahācakravajrapāni）為藏傳佛教非常重要的護法，源出《青衣金剛手檀陀羅》。主尊大輪金剛手，四方之東方為能勝魔障、南金剛光、西烈聲、北甘露軍荼利等四明王，都是樂空雙運身。

一陣線，合力支持時輪檀陀羅，宣稱理想國香波羅（香巴拉・香格里拉）第二十五任來世救度王，即將率領大軍殲滅回教軍隊，藉此教義振奮印度人的士氣。

最後一部佛教經典《時輪檀陀羅》出現，雖然使印度領土倖免遭到回教軍隊踐踏蹂躪，卻無法挽回佛教面臨式微衰亡的命運，反而是異軍突起的藏傳佛教，因爲現實因素群起流亡印度，並在印度佔有一席之地。佛經終結者時輪檀陀羅，隨著落腳印度之喇嘛們的暮鼓晨鐘，成爲世人修心養性的聚焦目標，不只是茶餘飯後的主要話題，更是夢寐以求的時髦精神生活，歷久彌新，順勢使時輪曼荼羅成爲所有曼荼羅美術之中的翹楚。

〈上圖〉六轉輪王曼荼羅　壁畫　拉達小泥像都城寺　烏金喇嘛攝影
仁欽桑波在拉達地區建造寺院中，唯一的六轉輪王曼荼羅壁畫。主尊是名為智慧荼加的金剛薩埵。四維八眷屬為荼吉尼、羅摩、犍陀羅訶和如色尼等雙色身四空行母，四方是名字很奇怪的缺壞髑髏盃、大骸骨架、骸骨架和可怖獠牙等空行勇父，皆為樂空雙運身。
〈下圖〉香波羅聯合大軍與回教兵團作戰圖　唐卡局部
香波羅王率領印度教及耆那教聯合大軍，於香波羅王國（左上角）境外，擊潰回教兵團。

六轉輪王曼荼羅局部　布繪　15世紀　尼泊爾（貝瑪喇嘛提供）
罕見的「六轉輪王曼荼羅」（Watcakravartin Mandala）。中間為智慧荼加金剛薩埵曼荼羅，自右上右旋為金剛荼加遏羅迦、一切荼加勝自在、佛陀荼加毘盧遮那、珍寶荼加金剛日、蓮華荼加蓮華舞自在等五曼荼羅；其四維各有雙色身空行母，右上為西北方夜摩齒空行母，右下為夜摩能摧空行母，左上為炎摩使空行母、左下為夜摩熾燃空行母；最外院四門衛是西門（圖中上方）狗面空行母、北梟面空行母、東烏面空行母、南豬面空行母。

捌・繪製祕密集會曼荼羅要訣

【解讀祕密集會曼荼羅】

曼荼羅外輪與庭園

請先觀看一五三頁附圖「祕密集會阿閦金剛曼荼羅」。正中央是畫了井字的圓圈形。圓圈外為向外重疊擴張的正方形。正方形之外，四邊是類似寺院屋頂的半圓形。再向外為數個連續向外擴張的同心大圓圈。於此由外往內依次解讀。

一、火杵蓮外部三輪

光看色彩，會覺得似乎有很多圈，事實上僅有三圈，並稱曼荼羅外部，或外周部、外輪。

①最外圈稱為火炎輪或光燄輪。

②第二圈是黑色底，畫了金剛杵連續圖案，稱為金剛杵輪、金剛杵道或者稱為金剛環（vajravalī）。

③第三圈是紅白綠黃藍五色蓮花瓣，影射有五色花瓣的大蓮花，是「想像出來」的雜色蓮花（viśvapadma）。這圈稱為雜色蓮華輪或蓮瓣輪。

二、寧靜庭園外宮苑

雜色蓮華輪和「好像是半圓形屋頂樓閣」之間，是一片墨綠色，類似豪宅大庭院的是「外宮苑」，又名外庭，通稱庭園，就曼荼羅結構而言

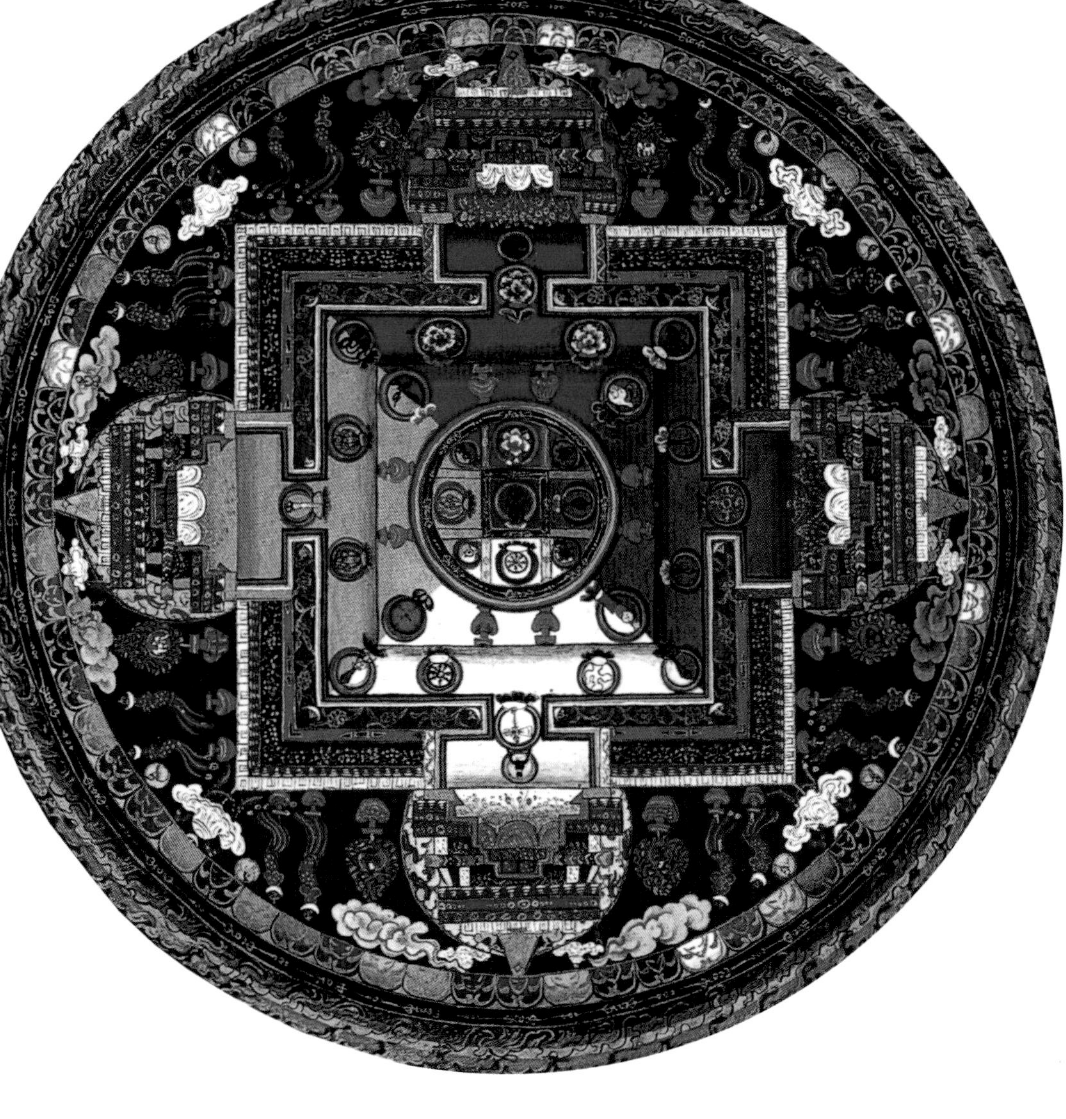

〈右頁圖〉曼荼羅火杵蓮外部三輪圖
〈上圖〉祕密集會阿閦金剛三昧耶曼荼羅　布繪　64 × 64cm（貝瑪喇嘛提供）

是金剛地。

樓閣羯摩杵檐瓶寶石牆

來到外宮苑，面對的是主建築物「宮殿」。要走入宮殿，必須先穿過聳立的「樓閣」。原本是立體建築物的樓閣，被畫成平躺在地面上，成爲「立面圖」（見一五五頁圖）。宮殿的東南西北四個入口，各有造形相同的樓閣，高度低於宮殿。

三、從金剛杵端到三樓閣殿

原則上，從樓閣立面圖外側向內看，等於從樓閣屋頂往下巡視。

①最頂端是一支突出的樓閣煙囪——其實不是煙囪！它和樓閣外方的半圓形周邊，一氣呵成。半圓形是金剛杵的邊緣，高凸煙囪是金剛杵尖端。

在【誦「獻曼怛」千遍不厭倦】一節提到：「曼荼羅世界是用金剛杵做地基。所以從天空往下俯視，會看金剛杵尖端和邊緣。」

這把金剛杵稱爲「羯摩金剛杵」，很像兩把金剛杵呈十字形重疊，所以又名十字金剛杵，梵語毘首金剛杵，毘首是雙重的意思。整個十字正好朝向四方，使東南西北四邊的樓閣，都看得到金剛杵尖端。

②金剛杵尖端稍微下方的圖案是法輪。

③法輪兩側有一對雙膝屈跪的雌雄金鹿，叫做對鹿，跪在宮殿屋頂。

④對鹿尾側以及蹲屈下方的白色橫幅，是樓閣最上面的迴廊欄楯。

宮殿蓋在金剛杵地基上面

金剛杵地基示意圖　從空中鳥瞰，金剛杵地基突出宮牆之外。

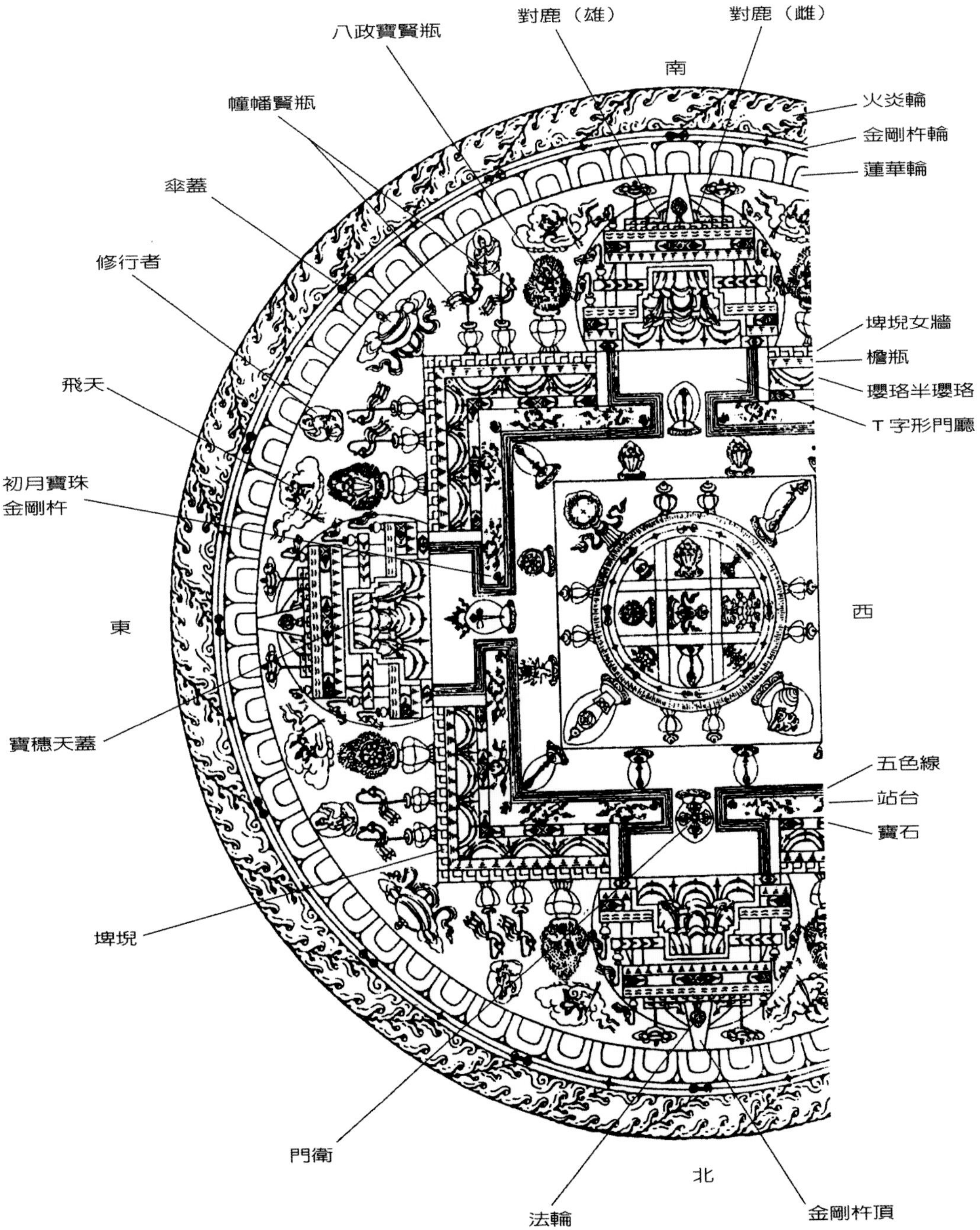
對鹿（雄）
對鹿（雌）
八政寶賢瓶
南
幢幡賢瓶
火炎輪
金剛杵輪
蓮華輪
傘蓋
修行者
埤堄女牆
檐瓶
瓔珞半瓔珞
飛天
T 字形門廳
初月寶珠
金剛杵
東
西
寶穗天蓋
五色線
站台
寶石
埤堄
門衛
北
法輪
金剛杵頂

祕密集會曼荼羅圖解

⑤迴廊下方綠色橫幅爲馬蹄層。

⑥再下方紅色橫幅爲寶石層。

⑦再下方的藍色橫幅是檐瓶層。

⑧檐瓶層下方吊著布飾。

⑨檐瓶層下方，左右兩側各有一根紅柱子，支撐樓閣上半部從③到⑦的結構體，這兩根紅色柱子稱爲闇柱。

⑩兩根闇柱之間，塗黑色的地方是三樓的廳堂空間，稱爲「三樓閣殿」。

四、從樓閣門楣到黃金層

從上述第⑩項的三樓閣殿，繼序往下看，分別是：

①三樓閣殿中央，被一個ㄇ字形的東西擋住，它是樓閣入口大門最上方的門楣，以階梯形向兩側下方擴張。門楣懸掛紅綠白色綵布，還懸垂許多瓔珞和半瓔珞。綵布和瓔珞下方左右側是門柱。

②三樓閣殿和闇柱下方的橫幅，爲陽台與欄楯。有的並不是陽台與欄楯，而只是三樓和二樓之間的樓板，加上彩色圖案而成爲彩繪層。

③彩繪層左右兩邊下方，各有一根紅色闇柱，中間是二樓閣殿區域。

④二樓閣殿下方又是綠色馬蹄層。

⑤馬蹄層下方爲紅色的寶石層。

⑥寶石層下方是藍色檐瓶層。

⑦檐瓶層下方爲內縮的黃金層。

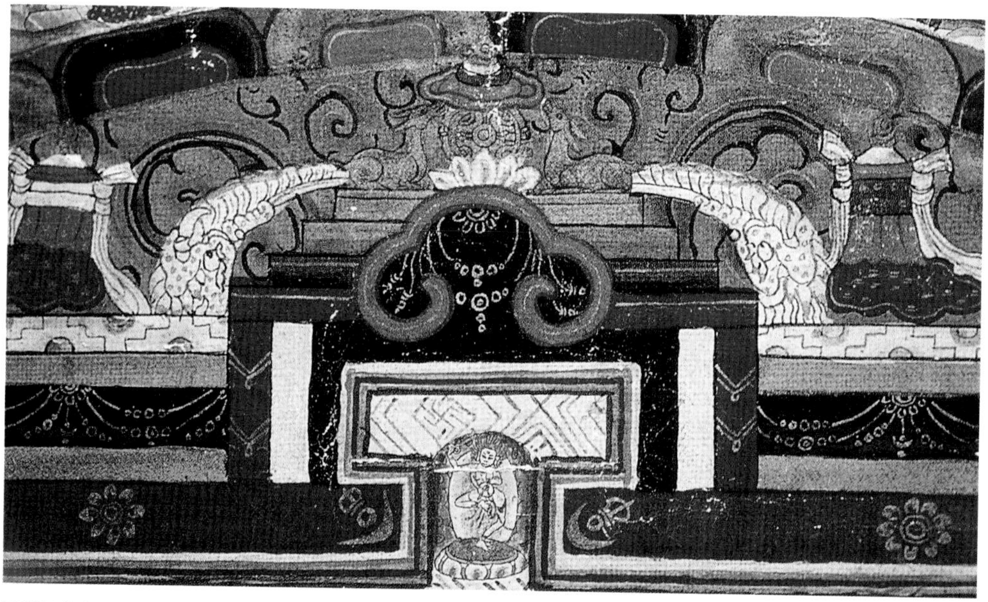

層數減少的簡略形曼荼羅樓閣

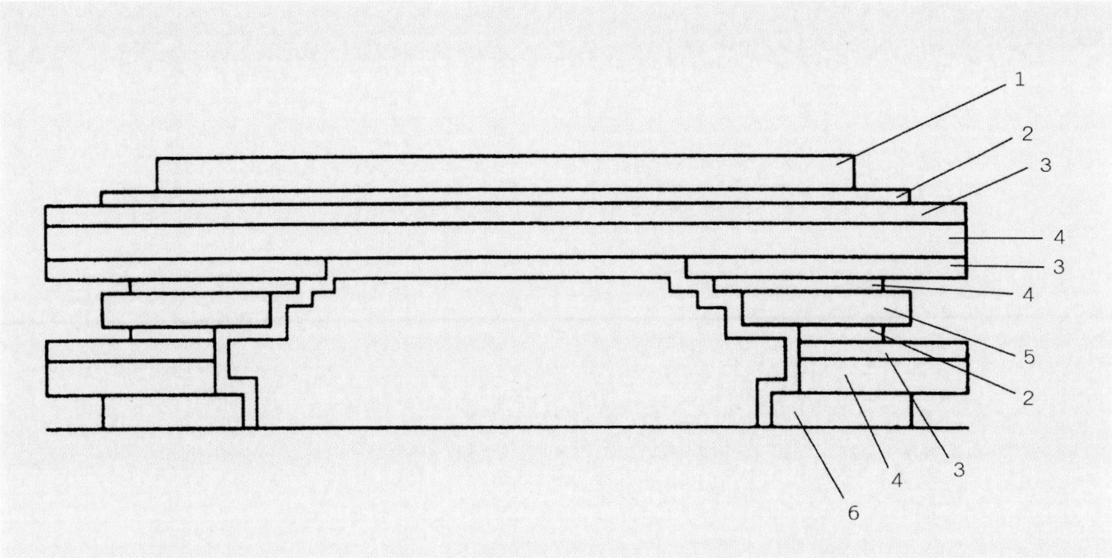

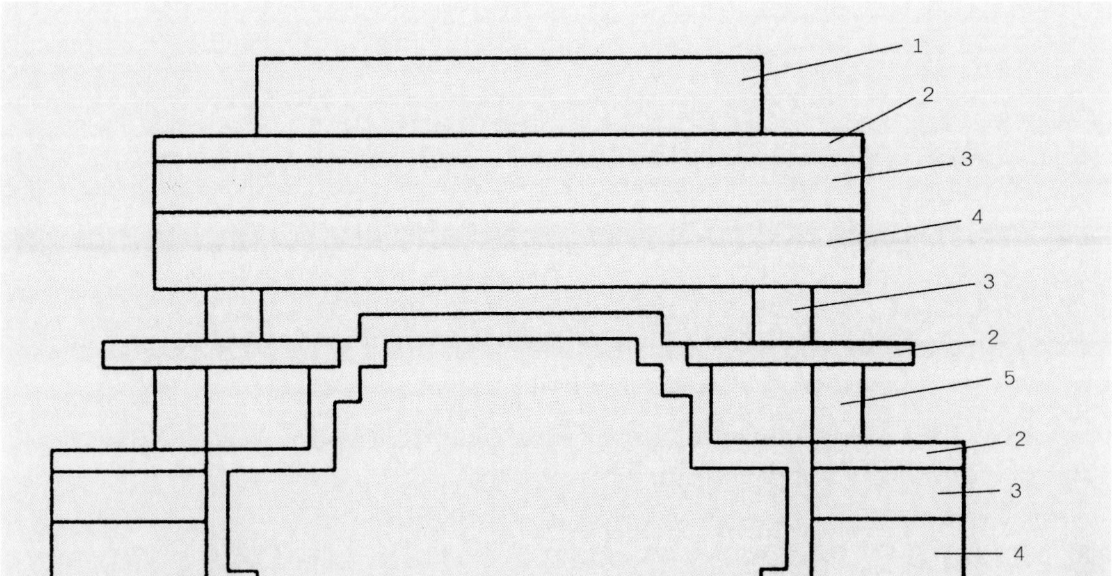

〈上圖〉曼荼羅樓閣畫法之一：1 迴廊　2 黃金層　3 馬蹄層　4 寶石層　5 摩竭層　6 水簷
〈下圖〉曼荼羅樓閣畫法之一：1 迴廊　2 黃金層　3 馬蹄層　4 寶石層　5 摩竭層　6 水簷

連接樓閣的埤堄女牆

鑑賞過樓閣之美，接著是樓閣立面圖下方的宮牆平面圖。先從擺放在大四方形白色宮牆外側瓶子、盆景和旗子等裝飾物說起。

五、女牆上方的瓶傘幡幢

外圓內方的曼荼羅，整個大四方形之內是一座宮殿，外緣是宮牆。從圖上看來，宮牆好像有六層牆壁套在一起，其實是一面宮牆的「立面圖」。一下子平面圖、一下子立面圖，這是讓觀賞曼荼羅的人感到困惑之處。

宮牆外側的瓶旗幢幡，是放置在宮牆頂端「埤堄」的上面。宮殿最外側的圖案，和樓閣對鹿下方的圖案相同，二者都是迴廊欄楯，叫做埤堄（讀音如皮匿），俗稱女牆（女兒牆）。埤堄上面放置的是下列寶物：

①生長出如意樹的賢瓶。如意樹上長出「輪王八寶」之一的寶物。右側清楚可見在樹葉之間，結的是八寶之一的主藏臣寶，左圖爲金色法輪寶。

②插在吉祥瓶裡面，頂端有摩尼珠寶的寶幡。

③插在如意瓶內，頂端有摩尼珠寶的法幡。

有些寶幢或是法幡的頂端，並非飾以摩尼珠寶，最常見的反而是幢桿最上端有鐮形新月，然後在新月上面飾以半截金剛杵。這個新月金剛杵圖案，在曼荼羅美術之中經常出現。

④在瓶幡左側、如意樹上方結跏趺坐的人，是修行中的大成就者。

⑤插在埤堄女牆轉角處的傘蓋。傘幕下方的垂絲飄帶，分別隨著風向飄往左右兩側，使傘蓋看起顯得很龐大。

曼荼羅樓閣參考圖

〈上圖〉三昧耶曼荼羅埤堄女牆上之八寶賢瓶、傘幢幡、大成就者與飛天。
〈下圖〉三昧耶曼荼羅表現法，八寶賢瓶上的是主藏臣寶。

【根本曼荼羅琳琅絢爛】

宮牆層疊五彩鬥穠華

曼荼羅樓閣下方是宮殿周壁，通稱宮牆。四方形厚厚的宮牆，不是單純的牆壁，而是琳琅滿目的高牆。樓閣立面圖與宮牆連接的地方，可以看到T字形缺口，爲曼荼羅「樓閣和宮殿」相通的入口。

六、曼荼羅入口與門廳

①面對T字形缺口，要從下方走進去，四方形紅色區域，是進入曼荼羅樓閣和宮殿的門廳，相當於走進五星級大飯店，就映入眼簾的挑高寬廣門廳。

②T字形最下方，被絹索和蓮花圖案擋住的地方是入口。絹索和蓮花是害美明王（孫波明王）與馬頭明王的三昧耶形。入口兩側是門扉，又名月牆。

③往前走，就進入中庭門廳，和月牆呈九十度，東西向的是隱壁。

④再向前方，與門頰呈九十度，和地面垂直的兩側是門頰。

⑤繼續往前走，就穿過樓閣與宮牆大門，進入曼荼羅根本宮殿。

七、厚實的六重宮牆

剛才已經說明過，宮牆是一大片而非六層密接黏合，不過，爲方便說明起見，只好刻意解剖爲六層來說明。

曼荼羅樓閣與宮牆特寫

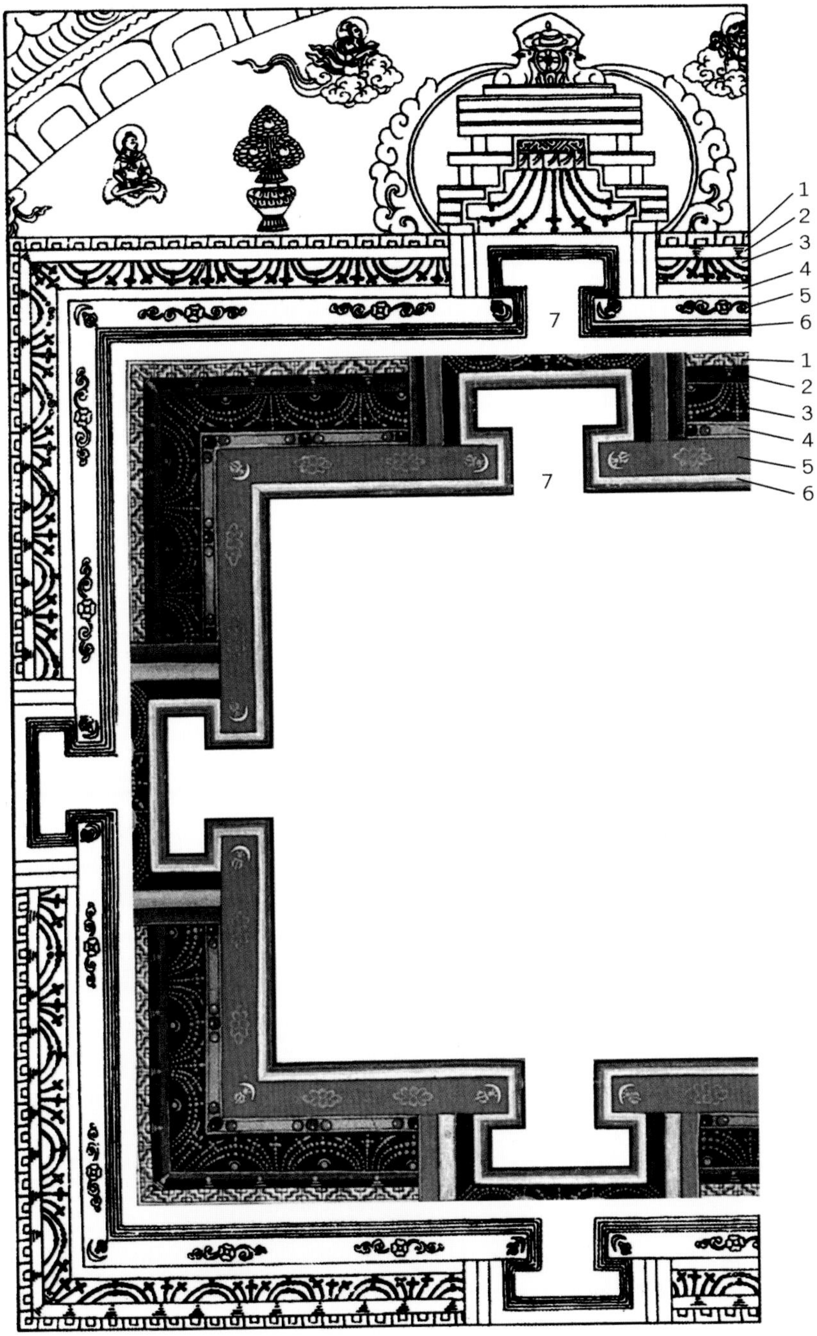

金剛界曼荼羅入口與宮牆構造圖：
1　埤垷女牆　2　檐瓶層　3　瓔珞半瓔珞層　4　寶石層　5　祭壇或看台　6　五色線層　7　T字形入口

①埤垷女牆。
②檐瓶層。
③瓔珞半瓔珞層。
④寶石層。
⑤祭壇或看台。
⑥五色線層。

看過宮牆，接著要進入宮殿，與祕密集會曼荼羅諸佛菩薩碰面。

用色彩代表東南西北方位

請先參看一五三頁的祕密集會曼荼羅。從中間圓心往四面宮牆的方向，地面出現紅綠白黃四個三角形色塊，是無上瑜伽曼荼羅慣用代表東南西北方位的顏色。行檀陀羅之胎藏曼荼羅、瑜伽檀陀羅的金剛界曼荼羅，和無上瑜伽檀陀羅之祕密集會曼荼羅、勝樂曼荼羅、時輪曼荼羅等的方位顏色差異如下。

曼荼羅名稱	東方顏色	南方顏色	西方顏色	北方顏色
胎藏曼荼羅	紅色	黃色	綠色	黑色
金剛界曼荼羅	藍色	黃色	紅色	綠色
祕密集會曼荼羅	白色	黃色	紅色	綠色
勝樂曼荼羅	白色	黃色	紅色	綠色

可見上節當做例子解說的，是祕密集會曼荼羅西方紅色區域的樓閣。

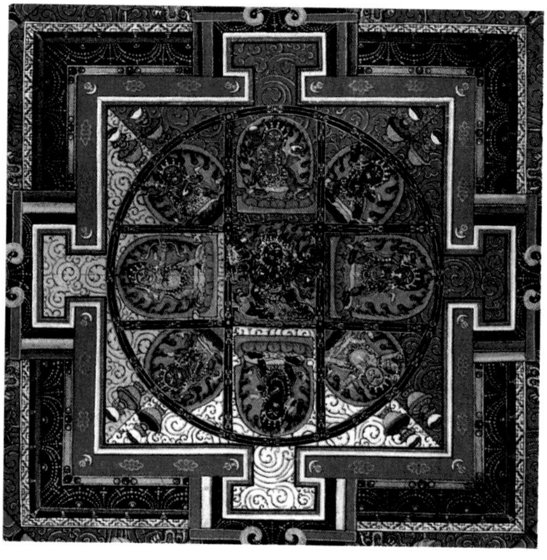
怖畏金剛曼荼羅入口與宮牆

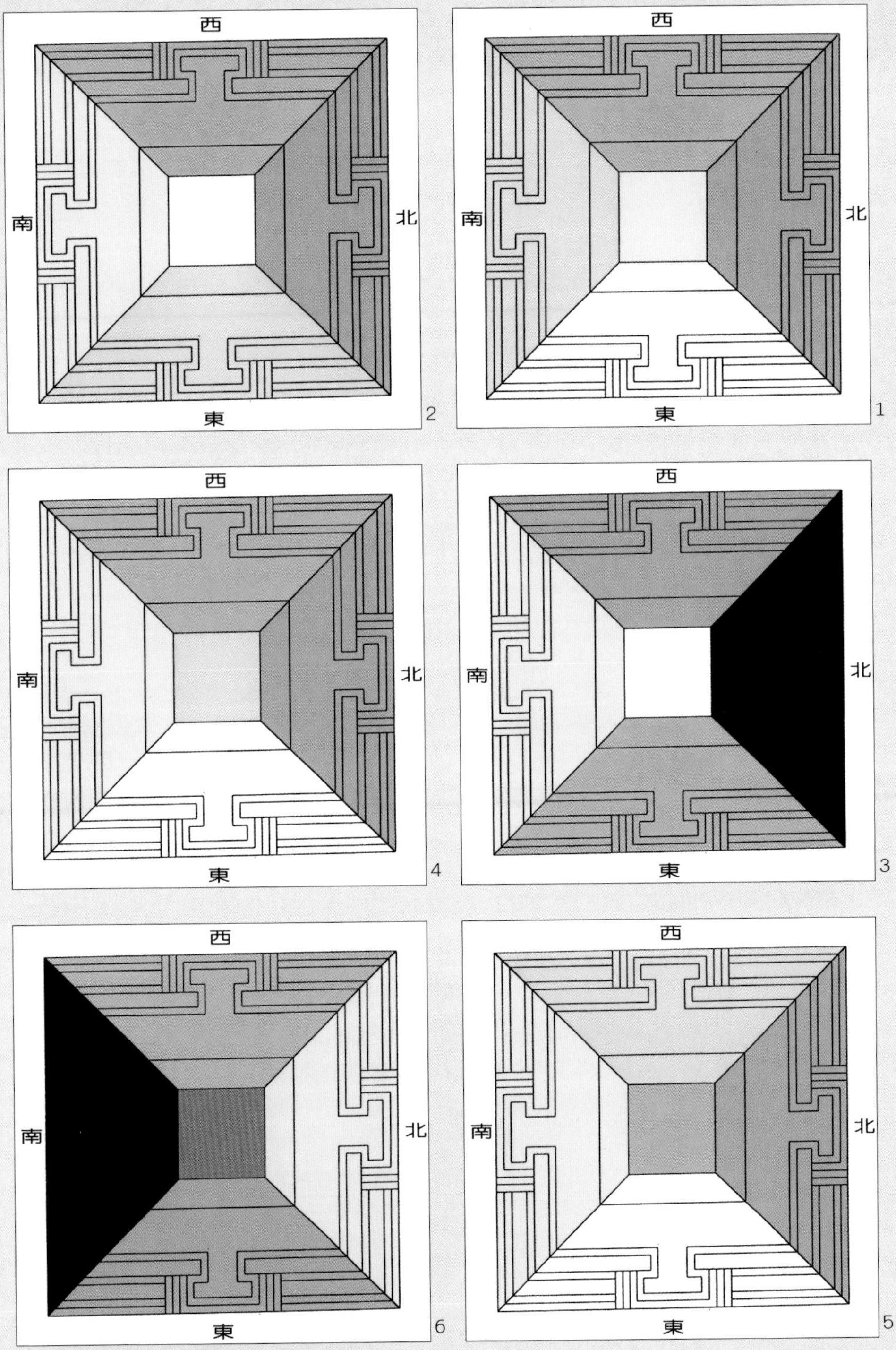

曼荼羅方位顏色配置圖　蔡東照繪

1 文殊菩薩初善三尊曼荼羅　2 三昧耶莊嚴牟尼五尊曼荼羅　3 光明無垢釋迦六尊曼荼羅　4 廣大明斗母十四尊曼荼羅　5 祕密集會世自在曼荼羅　6 台藏曼荼羅

祕密集會三昧耶三十二尊曼荼羅

曼荼羅內的建築物和莊嚴飾品，四面都一模一樣。以西方宮牆樓閣爲例，等於同時描述東南西北方向的宮牆樓閣。不論從哪一邊的外宮苑大門走入宮闕，眼前所見的，是讓人驚訝不已的廣袤宮廷。

【備註】 以上有很多和建築物相關的術語，略述如下，以免造成混淆：①宮殿的花園稱為宮苑或宮庭。②宮牆內的場所稱為內苑或內庭。③牆外的場所是外苑。④宮闕與宮殿同義。⑤宮廷是辦公與起居室的場所。

在門口和宮廷，有三十二尊道貌岸然的佛菩薩。注意看曼荼羅宮廷，只看到特殊圖案散佈其間，而無佛菩薩的影子，其實這些圖案就是諸佛菩薩。

本頁圖「祕密集會曼荼羅」是三昧耶曼荼羅，不畫諸佛菩薩法相，而畫他們的持物或手印，稱爲三昧耶曼荼羅。例如光看關刀就知道畫的是關公、看到額頭有眉月就知道是包公、看到金箍環就聯想到孫悟空……。關刀、眉月、金箍環等就是關羽、包文拯和齊天大聖的「三昧耶形」。

另外，文字也可以產生聯想。從桃花源想到陶淵明、蘭亭序想到王羲之、精忠報國想到岳飛；看文字聯想到諸佛菩薩，稱爲種子字曼荼羅或法曼荼羅。

接下來要開始和諸佛菩薩打照面了。因爲涉及尊格位階的關係，所以改爲依照東南西北方位，由內往外逐一跟他們 Say Hello 。

一、井字格子裡的五佛與明妃

宮殿正中心的小圓形稱爲心輪，裡面的井字形格子，不是隔間或牆壁，而是柱子上方的橫樑。心輪周邊和橫樑上面，通常畫了金剛杵圖案，象徵「安如金剛杵磐石」那樣穩固。

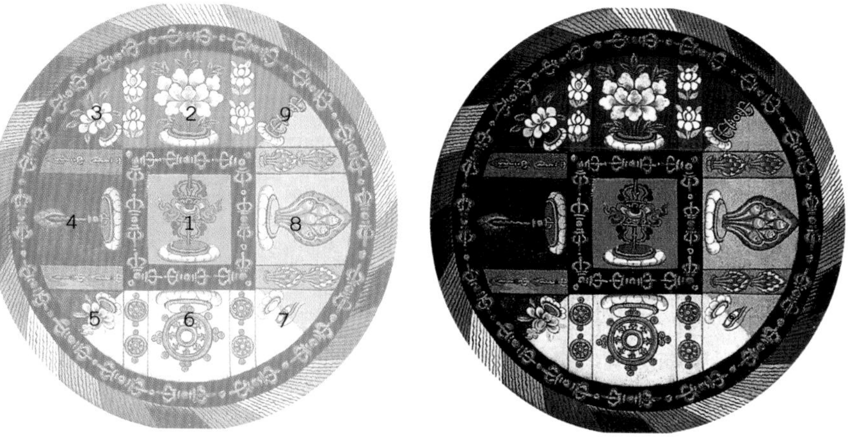

祕密集會阿閦金剛三十二尊三昧耶曼荼羅：1 阿閦金剛（金剛持佛）與觸金剛女 2 大日如來 3 佛眼佛母 4 寶生如來 5 我母 6 無量光如來 7 白衣明妃 8 不空成就如來 9 多羅母

〈右上圖〉佛足跡　石灰岩　67.5×46.3cm　1世紀　大英博物館　腳掌的卐字紋、千幅輪和三寶標印等，是釋迦牟尼的身分證號碼。
〈左上圖〉和雪山女神在一起的濕婆，金槍上頭是三寶標印。
〈右下圖〉成吉思汗初設蒙古九尾白旌纛，上有三寶標及眉月三寶標印。（蒙藏委員會金紹緒委員提供）
〈左下圖〉菩提樹下三寶標印　石雕　西元前2世紀　桑濟第一塔東門　傘蓋、菩提樹、三寶標印及寶座等，都是釋迦牟尼的表徵印記。

樑柱空間的諸佛菩薩是主尊阿閦金剛如來與明妃觸金剛女、毘盧遮那如來、寶生如來、阿彌陀如來、不空成就如來、毘盧遮那如來明妃佛眼佛母、寶生如來明妃我母、阿彌陀如來明妃白衣佛母、不空成就如來明妃救度佛母（觀自在菩薩化身）。

二、五金剛女

心輪與內根本線之間，四維有色金剛女、聲金剛女、香金剛女、味金剛女。加上阿閦金剛明妃觸金剛女，並稱五金剛女，是色聲香味觸「五感」的神格化金剛女。

三、八大菩薩

內外根本線的空間有彌勒菩薩、地藏菩薩、金剛手菩薩、虛空藏菩薩、世自在菩薩（觀自在菩薩）、文殊師利菩薩、除蓋障菩薩、普賢菩薩。八大菩薩是眼耳鼻舌身意六識，再加上末那識、阿賴耶識，共成「八識」的神格化菩薩。

四、門護十大忿怒明王

外圍四門有東門佛頂轉輪明王與大威德明王、南門無能勝明王、西門孫波明王與馬頭蓮華降伏明王、北門軍荼利明王（甘露漩明王）。

四維有東南方不動明王、西南方吒枳明王（愛染明王）、西北方儞羅難拏明王（即青棒明王）以及東北方大力明王。

祕密集會曼荼羅是本書解說的第一幅曼荼羅，所以羅列三十二尊名相，爾後在解說曼荼羅時，只提及主尊及主樣眷屬，不贅言其他。

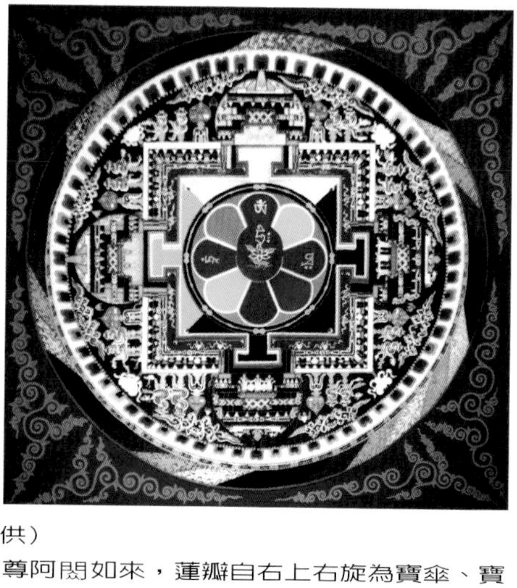

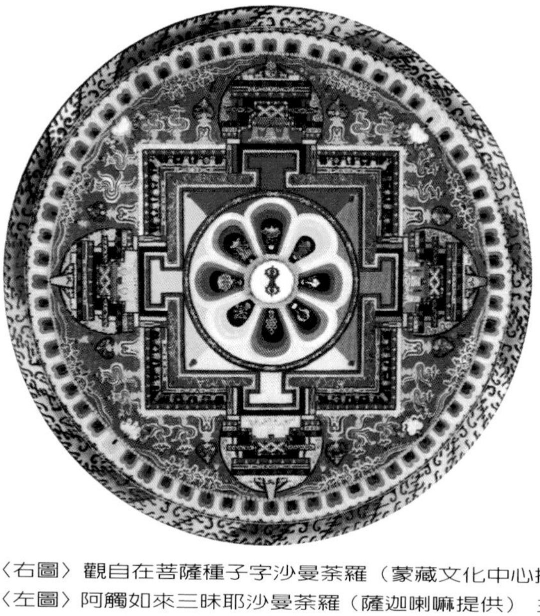

〈右圖〉觀自在菩薩種子字沙曼荼羅（蒙藏文化中心提供）

〈左圖〉阿觸如來三昧耶沙曼荼羅（薩迦喇嘛提供） 主尊阿閦如來，蓮瓣自右上右旋為寶傘、寶壺、法螺、雙金魚、無限紐、法輪、蓮華、法幢等八吉祥，代表四佛與四明妃。

馬爾巴傳承祕密集會阿閦金剛三十二尊曼荼羅　布繪局部（敏珠林喇嘛提供）

其實沒有「祕集金剛」

最早的曼荼羅命名原則以內涵爲主，胎藏曼荼羅、金剛界曼荼羅都用本質精義命名，而非用主尊名字，取名大日如來曼荼羅、毘盧遮那如來曼荼羅。後來，爲了方便起見，就用曼荼羅名稱當做主尊名字。例如勝樂曼荼羅主尊遏羅迦被改名勝樂金剛；祕密集會曼荼羅主尊阿閦如來，被改名祕密集會金剛。

用這樣的方法幫主尊改名字，對祕密集會曼荼羅絕對行不通。因爲它有三種不同主尊的版本：

①祕密集會阿閦金剛曼荼羅。

②祕密集會文殊金剛曼荼羅。

③祕密集會世自在曼荼羅。

把祕密集會曼荼羅的主尊，一概稱爲「祕密集會金剛（祕集金剛）」，會讓人分不清楚到底是指阿閦金剛、文殊金剛、還是世自在菩薩？

因此每當聽人說「祕密集會曼荼羅主尊是祕集金剛」時，我總是好爲人師地糾正說「根本就沒有祕集金剛存在」，並請對方說出正確主尊名字，好讓他們有機會認真澄清被混淆的祕集金剛觀念。

「用曼荼羅名稱當做主尊名字」的情形有點浮濫，後期創作經典者爲免主尊名字被亂改，反過來「用主尊名字當做曼荼羅名稱」。例如主尊是時輪，曼荼羅就叫做時輪曼荼羅；主尊是喜金剛，就命名喜金剛曼荼羅。認真研究會發現，使用這種命名方法的，都是無上瑜伽檀陀羅的曼荼羅。（若想進一步了解祕密集會曼荼羅，請參見《神祕的印度唐卡藝術》一書）

仁王經曼荼羅　絹繪　181.7×161.7cm　13世紀　教王護國寺
結構與胎藏曼荼羅相似，主尊不動明王，為祈請鎮護國家而修法的息災曼荼羅。

玖・飲血忿怒勝樂曼荼羅

【大成就者偏愛遏羅迦】

無上瑜伽母檀陀羅之勝樂檀陀羅的完成時間，比喜金剛檀陀羅晚，它並非獨立的法本。而是一大堆「勝樂系統檀陀羅」的總稱。由郭和卿翻譯的布頓大師著作《佛教史大寶藏論》記載：「勝樂續部各種密經有十一種、勝樂惹裡續部各種密經有三十二種。惹裡續部的密典都是梵文本，認為是藏人的著作，並不確實。」

其實沒有「勝樂金剛」

一般人都稱呼勝樂檀陀羅主尊為「勝樂金剛」，實在有商榷餘地。勝樂曼荼羅梵文為 Saṃvara Maṇḍala ，漢譯「苫（音山）跋羅曼荼羅」。苫跋羅本意是律儀、禁戒、安勝，此處取安勝之義，音譯勝樂或上樂，接近梵語苫跋羅。勝樂曼荼羅主尊是「勝樂」，而不是勝樂金剛。藏文 bDe mChog 讀音如迭丘，本意也是勝樂而沒有金剛二字，所以不能稱為勝樂金剛。

迭丘是現證大樂智道果次第、無上瑜伽母檀陀及本尊的總稱。迭丘又與梵語「遏羅迦」（喜歡喝人血的忿怒神之通稱）同義，因此，主尊勝樂的藏文名字又叫做迭丘遏羅迦（bDe mChog heruka ・勝樂遏羅迦），或闊洛迭丘（aKhor lo bDe mChog ・勝樂輪）。

梵文和藏文都無金剛二字，把勝樂寫成勝樂金剛，顯然不貼切。本書其他章

無上瑜伽母檀陀羅遏羅迦　壁畫　10至17世紀　西藏東嘎石窟　遏羅迦右手持金剛鉞刀、左手托盈血髑髏杯，全身黑灰色，於死屍身上丁字立舞姿。

節或寫成勝樂金剛，唯本單元中規中矩稱爲勝樂尊，而不稱勝樂金剛。

說個題外話，遏羅迦另一個涵義是飲血，是喜歡暢飲人血的忿怒神，以致中文名字也被譯爲「飲血金剛」——金剛二字是多餘的附驥用詞。

勝樂曼荼羅主要有二種

勝樂尊爲遏羅迦族之一，和喜金剛曼荼羅一樣，出自三摩瑜伽檀陀羅之中的六遏羅迦族（飲血忿怒神族），爲六部的金剛部。勝樂曼荼羅最主要有十四尊和六十二尊二種。有些傳承把雙身像視爲一尊，使六十二尊減爲三十七尊，讓人誤以爲還有三十七尊的第三種勝樂曼荼羅版本問世。

遏羅迦族屬於貪瞋癡的瞋部族（dveṣa-kula）忿怒尊，各族姓都是阿閦如來的化身，既然名爲「族」，可見阿閦如來的化身不只是勝樂（或名上樂、最勝）而已，還有很多同體異名的「自己」。除了前述喜金剛之外，著名的還有佛陀髑髏杯（Buddhakapāla，覺頭）、七無盡（Saptākṣara）以及大幻（Mahāmāyā）等，都是阿閦如來化身。

勝樂檀陀羅修行儀軌有許多版本，原因是印度著名八十四大成就者，許多人修行喜金剛或勝樂儀軌，並把獨特修行法冠上自己的名字以授徒流傳，廣爲人知的有魯易巴系、健吒巴（鈴鐸師）系、甘赫巴（黑行者）系等曼荼羅版本。甘赫巴擔任書記，文筆很好，他撰寫的喜金剛儀軌最受歡迎。

喜金剛曼荼羅宮殿　14世紀　三最齋集藏

【剝繭解讀勝樂曼荼羅】

曼荼羅出現恐怖棄屍林

請參看勝樂曼荼羅，依然自外向內來欣賞。

首先看到的是祕密集會曼荼羅最外圈是火炎輪，勝樂曼荼羅卻在火炎輪之外，多了一圈屍林輪，這是前所未有的。

無上瑜伽檀陀羅發展到勝樂曼荼羅，畫師依照儀軌在金剛杵輪和雜色蓮華輪之間，加入描繪「八大屍林」（aṣṭaśmaśāna）景物的屍林輪。aṣṭa 是八，śmaśāna 漢譯屍陀林、棄屍林、塚壙間、焚屍場和火葬場等。國人一向對死亡、屍體、墳墓等不吉利的字眼非常忌諱，聽到「屍林」當然覺得很不自在，因此有人將「八大屍林」雅稱「八大寒林」，因爲屍林是讓人毛骨悚然、不寒而慄的陰森場所。

屍林字意是棄屍如林，引申爲墳場。很多無上瑜伽檀陀羅規定，修行者在某一修行階段，必須到墳場從事「屍林修行」（śmaśānika）。這種修行法源自古代印度「苦行外道」的觀念，他們認爲人生在世有多少苦樂，都是命中註定。如果趁年輕或者趁當下，把該吃的苦都先受苦完畢，等到以後年老力衰或臨終之際，已經無苦可受了，所受的僅存安祥喜樂生活。

先苦後樂的苦，要怎樣體驗才算真的受到苦呢？苦行外道的修行者，經過長期印證，最後歸結出以下六種事先受苦、事後享福的方法：

施身法墳場修行情景　紙本墨繪　貝瑪南覺畫

威羅瓦金剛單尊曼荼羅(上圖)比祕密集會阿閦金
剛三十二尊曼荼羅（下圖）多了一圈屍林輪

①長期忍受饑餓苦行，②入寒冷深淵忍凍苦行，③近火接受熱惱苦行，④赤身裸體不拘寒暑露地苦行，⑤如牛吃草狗食饅苦行，⑥於屍林塚間寂默不語晝夜苦行。

筆者跟隨上師尊貴的貝瑪滇真仁波切修行「施身法」，其中有段儀軌要到墳場觀想。修行喜金剛曼茶羅觀想法的人，若是不去墳場，則變通為觀想法源宮殿四周的八大屍林。到屍林修行，原本是外道（佛教以外其他宗派）的苦行法，後期佛教密宗將之引入修行儀軌，在無上瑜伽檀陀羅時期很盛行。西元八到十世紀，印度八十四大成就者榜首魯易巴（Lūyīpa，意為吃魚內臟的人），不但在屍林修行，還住在屍林裡，其他幾位大成就者也如此。

不管怎麼說，屍林畢竟是污穢之地，對屍林沒好感的畫師，把應該畫在金剛杵輪和雜色蓮華輪之間的屍林輪，移到最外圈，以免玷污勝境。多了屍林輪，勝樂曼茶羅胖了一大圈。

八大屍林與八大塔

屍林和曼茶羅一樣，依四方四維等八個方位產生八座大屍林。為了印證在此修行很容易獲得成就，撰寫檀陀羅的經師絞盡腦汁，設法把八大屍林和八大聖處牽扯在一起。

釋迦牟尼一生，在八個場所發生靈驗聖蹟，稱為八相示現，發生的場所稱為八大聖處。為了彰顯聖蹟，後人在每處聖蹟建立一座紀念塔，稱為「八大靈塔」（aṣṭacaitya），八聖處與八靈塔對照如下：

〈右圖〉釋迦牟尼成道圖。右下方有降魔塔，印證成道事蹟。
〈左頁上圖〉右為釋迦牟尼誕生處積蓮塔，左為剪髮出家處下髮塔，造型不同。
〈左頁右下圖〉釋迦牟尼誕生處之佛生處塔，又名積蓮塔。
〈左頁左下圖〉獼猴獻蜜給釋迦牟尼的獼猴奉佛處塔，又名思念壽量處塔。

菩薩辭閒從佛會時
獼猴命終得生天上

一、八聖處八聖塔

聖蹟名相	聖處所在	塔名
誕生處	迦毘羅衛國藍毘尼園	積蓮塔
成道處	摩竭陀國尼連禪河邊菩提樹下	降魔塔
初轉法輪處	迦尸國波羅奈斯城鹿野苑	吉祥塔
顯神通處	舍衛國祇樹給孤獨園（祇園）	神變塔
下忉利天處	桑伽尸國曲女城	天降塔
調息僧諍處	摩竭陀國王舍城	息諍塔
加持年壽處	毘舍離國廣嚴城（毘舍離城）	尊勝塔
涅槃處	拘尸那拉國沙羅雙樹林	涅槃塔

二、八大屍林

東方	大猛屍林	大猛屍林	大猛屍林	涼颼屍林	暴虐屍林
東南	吉祥屍林	吉祥屍林	殘猛屍林	任運魁屍林	吉祥屍林
南方	枯骨屍林	稠叢屍林	啾啾屍林	鳩喧鳴屍林	骨鎖屍林
西南	幽暗屍林	幽暗屍林	遍行屍林	密乘神變施林	幽暗屍林
西方	金剛燄屍林	金剛燄屍林	蓮漩屍林	羅剎密集屍林	金剛燄屍林
西北	啾啾屍林	啾啾屍林	暴戾屍林	猛嘯笑屍林	啾啾屍林
北方	稠叢屍林	枯骨屍林	大笑屍林	積蓮華屍林	密叢屍林
東北	猛笑屍林	狂笑屍林	極畏屍林	世間密集屍林	狂笑屍林

〈右圖〉釋迦牟尼佛到忉利天探望母親，從天而降之處的天降塔。
〈左圖〉屍林修行者　布繪唐卡　18世紀（納杰東珠提供）

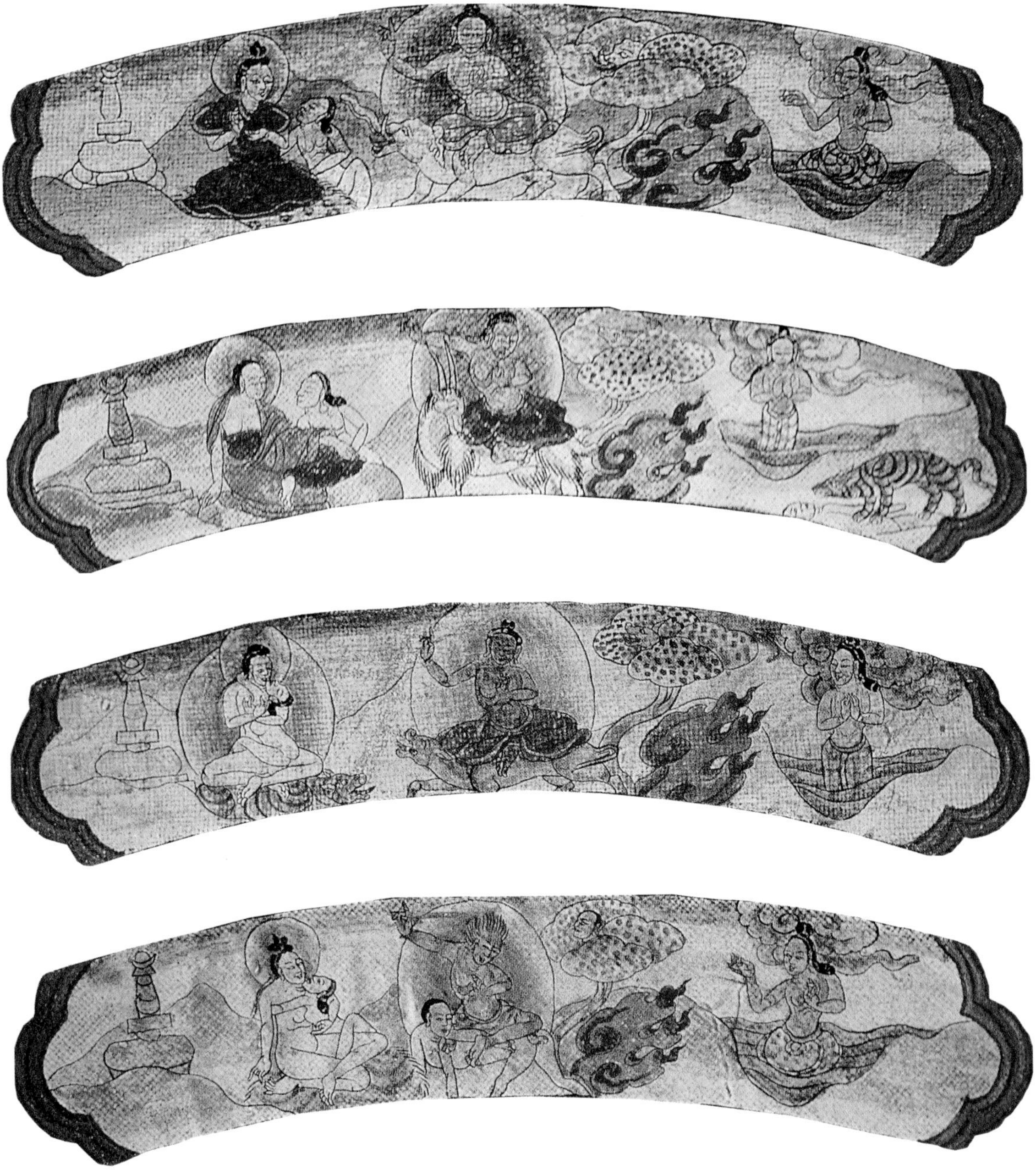

智慧摩訶迦羅曼荼羅八大寒林一至四，由上而下依次為東方暴虐寒林、東南吉祥寒林、南骨鎖寒林、西南幽暗寒林。

八聖處及八大塔的說法不一，根據無上瑜伽檀陀羅大瑜伽乘儀軌記載，八大寒林的八聖處八塔，和蓮華生大師的修行成就關係密切，而與釋迦牟尼全然無關。這方面的文獻很多，比如《一切如來寂滅和合根本荼吉尼勝樂檀陀羅》（Ssrvabuddhasāmayoga-dakinījālā-saṃvara Tantra）就說到八大寒林之八佛與八塔為：

東方真實遏羅迦和百頂塔、東南方本母遏羅迦與象熱山塔、南方文殊遏羅迦與度母寶積塔、西南方甘露遏羅迦及自生大熱塔、西方馬頭遏羅迦以及三界解脫塔、西北方供贊世間遏羅迦以及積吉祥塔、北方普巴遏羅迦以及自生大熱塔、東北方猛咒詛詈大遏羅迦以及日輝塔。

勝樂曼荼羅八大寒林的東方寒林，位在曼荼羅正下方，依順時鐘方向往左上方環繞，分別是東南方、南方、西南方……。受到百家爭鳴影響，八大寒林出現許多不同名稱，還好彼此之間的差異不大。

寒林有些名稱具有特殊含意，如啾啾是眾鳥鳴叫聲。稠叢和密叢都以叢為單位，一叢一叢密集生長的高低灌木，聚集成一大片灌木林，也稱為稠林或嶮森（gahvara）。

任運魁寒林的「任運魁」，是沒有經過暗中運作（例如選舉拉票買票），順其自然被公推為領袖的意思。至於猛笑與猛嘯笑，二者差別在於後者笑聲中夾雜長嘯聲。

寒林駢肩雜遝嘉年華會

對常人來說，寒林是避之唯恐不及的亂葬崗，對修行者卻不然。八大寒林是

寒林位於羯磨曼荼羅下方外輪

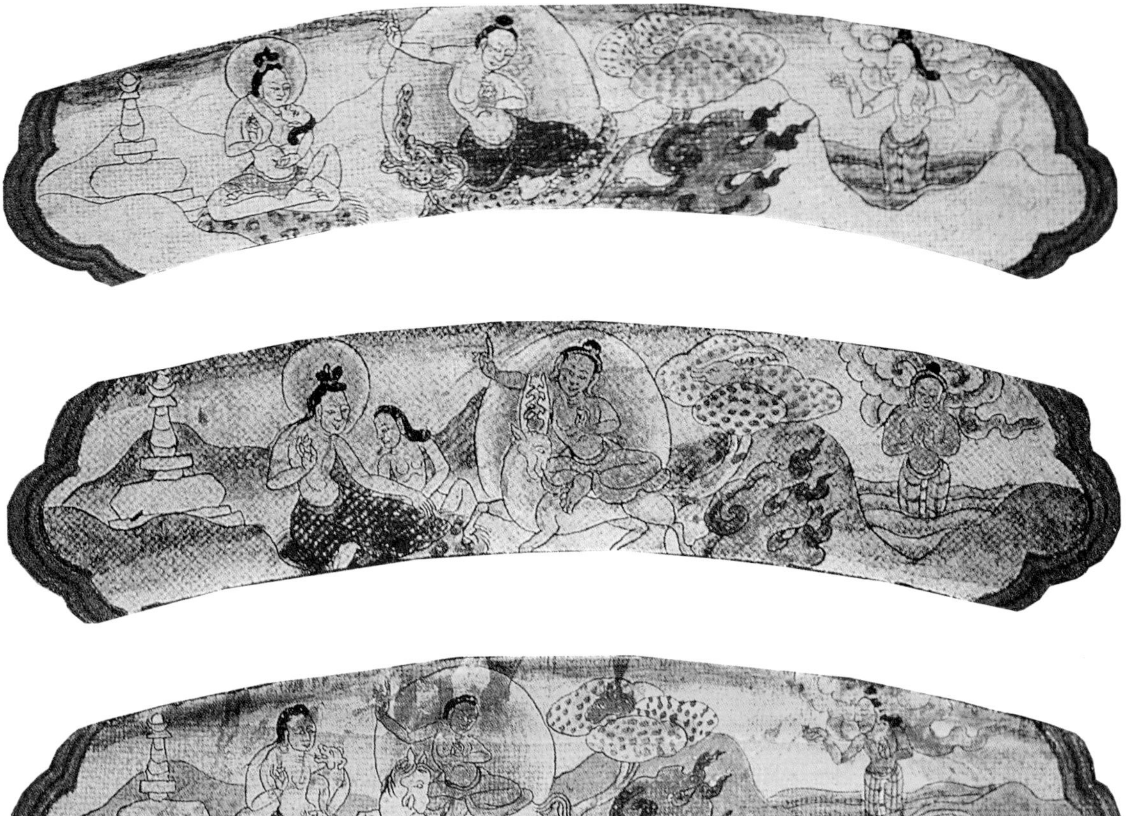

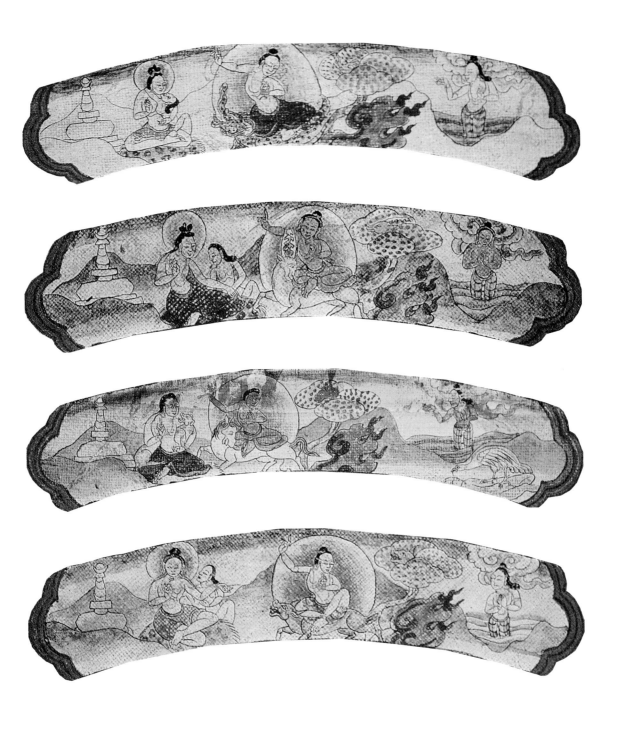

智慧摩訶迦羅曼荼羅八大寒林五至八，由上而下為西金剛燄寒林、西北啾啾寒林、北密叢寒林、東北狂笑寒林。

由八大塔幻化而成的修行場所，每處寒林有一座佛塔和一棵聖樹（寒林八樹）。寒林由空行勇父和空行母守護，還有大成就修行者以及天龍八部的八大護法和護境神、八大龍王等逡巡其間。

墳地的棄屍有人屍、鳥獸屍、全屍和斷頭斷腳的殘屍碎骸，被丟掉到寒林之後，會恢復生前的生龍活虎元氣。像現代縣市設有縣市長一樣，八大寒林各有一名「林長」管理，合稱「寒林八屍」。

有些棄屍本性殘暴，動輒蠻橫欺壓其他人獸，搞得寒林雞飛狗跳，連「林長」也無可奈何。到這地步，被惹惱的寒林八屍，會請求擔任司法警察的食屍八魔女，把行徑囂張、欺鬼太甚的無賴棄屍，剝皮抽筋、生咬活啃到屍骨全無。在寒林趯躍縱橫的神將鬼眾如下：

一、天龍及大成就者部

	八護法天	八大龍王	八大成就者	屍林八樹
東方	帝釋天	無邊龍王	因陀羅部底	黃欣梨夏樹
東南	火天	蓮華龍王	瞻畢巴	黃嘎染札樹
南方	閻摩天	安止龍王	龍樹藏	青那熱樹
西南	羅刹天	大蓮龍王	金剛鈴杵手	紫蔓藤樹
西方	水天	護螺龍王	金剛蓮華	粉紅杠尬拉樹
西北	風天	廣財龍王	陸嘻巴	綠阿竺那樹
北方	毘沙門天	力游龍王	沽沽日巴	綠阿榭達樹
東北	伊舍那天	具種龍王	熱哈巴	雜生大尬刺樹

〈本頁二圖〉北京故宮九龍壁蟠龍　蔡東照攝影

〈上圖〉龍王金剛薩埵之八大龍王曼荼羅
壁畫　烏金喇嘛攝影
〈下圖〉金剛手之八大龍王曼荼羅　布繪
19 世紀（敏珠林喇嘛提供）

顯宗佛經的八護法天與此相同，惟八大龍王則是：歡喜龍王、賢喜龍王、海龍王、寶稱龍王、現毒龍王、無熱惱龍王、慈心龍王、青蓮龍王。

印度很多大成就者，名字都叫做因陀羅部底。第一位把佛教引進西藏的蓮華生大師，他父親也是這個名字，意譯「萬福王」。

表中的寒林八樹，除了顏色和紫蔓藤樹之外，其餘概爲音譯樹名。

二、空行與寒林主宰部

	護土八空行勇父	八空行母	寒林八屍	食屍魔女
東方	黃牛首丑身空行	永固金剛母	力賢智慧屍	洛札女
東南	山羊首黑天空行	不渝誓約母	失望美婦屍	金剛女
南方	黑牛首丑身空行	威嚴大寶母	閻王顯身屍	火燄首女
西南	暴怒人首惡相空行	不勝混雜母	捶甃弗戈屍	呼嚕女
西方	紅水怪首作垢空行	無垢蓮華母	具力鎮懾屍	札嘎女
西北	鹿首綿羊身空行	遍行一切母	降伏野牛屍	污穢女
北方	綠馬頭明王空行	小樂作業母	遍入擊破屍	作老女
東北	豺狼首導正空行	變壞有情母	奮戰昴宿屍	混雜女

表格之寒林八屍及食屍八魔女的名字，原則上盡量採用意譯，原意不明則採用譯音。捶甃弗戈屍的弗戈，讀音如鏟歌，是古代刑具，用刑之時，類似烤乳豬，持長戈自肛門插進去，從頭頂囟門穿出來，是對付窮凶惡極者使用的極刑。空行勇父是和空行母相對的陽性名詞，梵文 dāka，漢譯荼加。

寒林隨時有護法天、空行勇父空行母、棄屍和食棄屍魔女以及修行者，彼此或

文武百尊之獸面人身瑜伽母。右：馬首喜悅母。左：野羊首婦人母

中陰文武百尊之忿怒五十二尊曼荼羅　布繪　160 × 124cm　20世紀　貝瑪喇嘛繪　三最齋集藏

談天說地或爭辯論理。喧嘩聲此起彼落，活像嘉年華會熱鬧得很，與想像中的寂寞寥落之荒僻墳場迥然不同。

義大利東洋學家G・杜齊（Giuseppe Tucci, 1894-1984）在他的著作《曼荼羅的理論與實際》裡面，對八大寒林提出獨到看法，認爲寒林並非指真正的墳場，而是象徵大家對「八種識」的覺醒意識。八識（aṣṭau vijñānāni）是眼耳鼻舌身意等六識，再加上末那識與阿賴耶識而成。受八識作用影響，生物才會生死流轉於輪迴世界。

寒林除了天兵神將，還有山川、雲樹、寶塔和禪定修行者，無異於極樂世界。至於寒林的白骨化遺骸，杜齊說這表徵去腐生新、生死人而肉白骨（讓死人甦生、白骨長肉）。杜齊不是宗教學家，見解卻很有道理。

外四輪與庭院宮牆

一、勝樂曼荼羅同心圓

前文談了勝樂曼荼羅同心圓之①外圈八大寒林。現在從「寒林輪」往中央方向，逐步鑑賞曼荼羅。

②第二圈火炎輪。顧名思義是一輪熊熊大火，既是環繞曼荼羅的自生猛烈火炎，又是修行者內心的天火，足可燒燬愚癡並照亮無明，阻擋邪魔怨毒侵入曼荼羅。顏色有紅黃綠藍四色（或以青色稱呼藍色）。依照儀軌經，紅色和綠色或綠色和黃色之間，還有一段白色，畫師經常把它忽略。

最早撰寫曼荼羅儀軌的人，不一定仔細觀察過火燄的顏色，把火炎輪顏色定調爲紅白黃綠藍色，純粹是配合五佛五部的顏色，偏巧和真的火燄顏色很接

仁王經種字敷曼荼羅　紙本墨繪　42.7 × 28.3cm
14世紀　東寺寶物館
僅此一幅的不動明王曼荼羅。趣味性在於將火炎輪畫成一堆智火，金剛杵輪移到內第二輪，成為輪幅，蓮華輪移到下方變成蓮花座。

金剛界曼荼羅（局部）　西院本（傳真言院本）　教王護國寺
金剛界九會曼荼羅中的一印會，單一主尊大日如來，雙手當胸結智拳印，是大日如來專屬手印，故又名大日印。四方都有T字形樓閣入口。

近。從科學實驗得知：火元素顯現的顏色，是依溫度變化而變化。溫度低於攝氏一千度時，火燄爲偏紅色光、介於一千到二千度爲黃色光、高過二千度是淡藍色光、到達六千度時爲強烈的白色（無色）光。

觀看蠟燭火炎可以同時看到藍色、黃色和紅色光。燭火溫度不太可能超過六千度，亦即出現白色光燄的機會不多，所以畫師才把白色光省略掉。

【備註】火炎與火燄，兩者含意截然不同。火炎單純指火本身，火燄則指火炎發出來的火光或是熱度，稍一不慎就很容易混為一談。

③第三圈金剛杵輪。金剛杵可以消滅修行者內心貪瞋癡三毒之內魔，以及在旁邊虎視眈眈的杳冥鬼神外魔，不使內外魔破壞佛法。金剛杵輪又隱喻獲得成就之後，勢必如金剛杵之堅牢，象徵不會變異的證悟菩提之根源意識。

金剛杵輪之內的金剛杵圖案，並非一把密接一把，而是每兩把之間，都有花紋線條補滿空間，這表示圓圈形金剛杵輪上方，是一座圓桶形金剛牆，更上方有半球形金剛籠，保護根本曼荼羅。有些法本說，金剛牆不是在金剛杵輪正上方，而是在金剛杵輪與蓮華輪之間，或說在火炎輪與金剛杵輪之間，並與大輪圍山合爲一體。

④蓮華輪。蓮花出淤泥而不染，促成修行者的肉團心清淨無垢，不受任何煩惱污染，無礙修行。在色彩的運用上，雜色蓮華輪的花瓣有橙色、紅色、綠色和藍色，做不規則交錯排列。祕密集會曼荼羅的雜色蓮華輪，比本曼荼羅多了白色蓮花瓣。曼荼羅儀軌說蓮蕊呈綠色，只是很少被畫出來。

二、外宮苑庭園飛天

有彩雲、飛天和禪定修行者。三昧耶形以彩雲代表飛天。

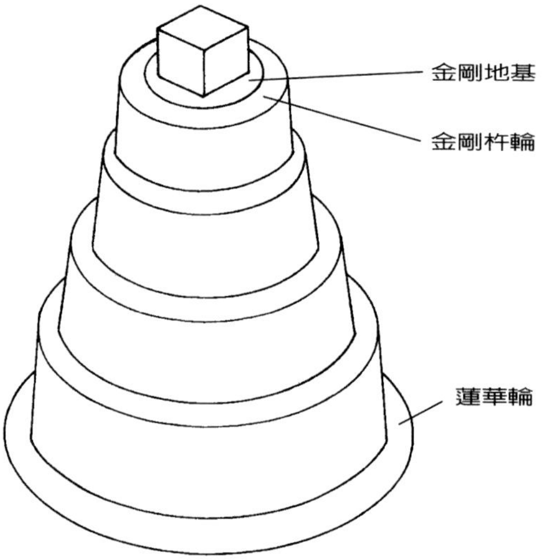

〈右圖〉蓮華輪與金剛杵輪立面圖　蔡東照繪
〈左頁圖〉宇宙樹世界　紙繪　19世紀　祆教主教著《北方古誌》卷頭插畫
人類住在圓形平面世界，邊緣有高山峻嶺，往內是大海，大蛇盤繞在大海中間。內圈是人間樂土，正中央為看不到巔峰的宇宙山。這樣的世界觀，和佛教曼荼羅的鐵圍山、九山八海、四大洲以及須彌山的概念吻合。

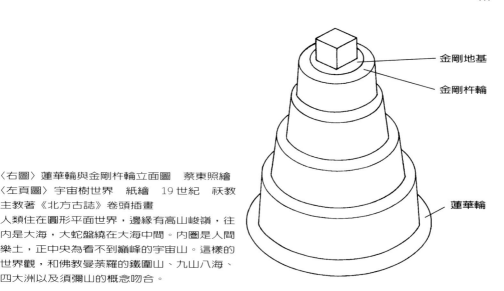

三、金剛杵宮殿樓閣

①羯摩金剛杵地基：曼荼羅儀軌記載，十字金剛杵下面，靠近埤堄女牆的地方，應該有口銜金剛杵瓣的摩竭魚（makara）。左右兩隻海獸摩竭魚，還從口中吐出寶石雲。**※本書有幾幅曼荼羅未畫出摩竭魚，是不正確的。**

②法輪：象徵佛教，下方有蓮花座，上方有傘蓋。法輪所在即佛法所在，可以消除曼荼羅內的煩惱毒害、邪見疑悔。曼荼羅的法輪通常以八輻輪比較常見，也有十輻輪和十二輻輪等。八輻輪表正見、正思惟、正語、正業、正命、正精進、正念與正定等「八正道」。十二輻輪爲無明、行、識、名色、六處、觸、受、愛、取、有、生與老死等十二因緣。

③對鹿：寓意釋迦牟尼在鹿野苑初轉法輪（初次傳法），傳法內容是佛教史上鏗鏘有聲的四聖諦「苦集滅道」。後期無上瑜伽檀陀羅的曼荼羅，以法輪隱喻本曼荼羅的主尊，以對鹿象徵跟隨主尊的所有眷屬。

④埤堄女牆：從建築藝術來說，這片女牆值得討論。女牆造型很像萬里長城的牆頂，上面有穿孔，古代發生戰事時，戰士從女牆穿孔朝敵方射箭，因此女牆又稱爲垛或箭垛牆。

曼荼羅女牆功能有許多不同解釋。一是四面女牆之間，沒有任何建築物或雕塑，像盝（讀音離）頂房屋或五樓公寓頂樓，爲空蕩蕩的「平頂」。二是類似瞭望台的低矮圍欄，旁邊有迴廊走道。

三是屋頂的代名詞，曼荼羅不畫屋頂，而以女牆的圖案代替屋頂。四是屋頂的正脊。以上四者意涵，由畫師視儀軌銓釋而做不同表現。

⑤馬蹄層：畫了形似馬蹄連續圖案花紋的牆垣，所以叫做馬蹄。如果女牆是

釋迦牟尼初轉法輪　片岩雕刻　高33cm　東印度出土　大英博物館　台座下面雕刻法輪與對鹿。對鹿兩側，是出資雕刻此作品的供養者夫婦。

2

1

4

3

6

5

1 曼荼羅樓閣與宮殿入口
2 台北行天宮屋頂是韋馱天的站台
3 屋頂下方是圓形瓦當和垂葉形滴水
4 聞思修佛學會製作的羯摩曼荼羅，女牆對鹿下方是檐瓶層，再下方是馬蹄層。
5 士林福正宮屋頂是福祿壽三尊的站台。兩側蟠龍，類似口銜金剛杵瓣的摩伽羅魚。下方是八仙聚會的站台。
6 圓山大飯店下層屋頂的上面是迴廊，下方陽光照不到的柱子是闇柱。

屋脊或是屋頂的話，馬蹄就有可能是屋簷的瓦當。

⑥寶石層：位於屋簷下方，緊貼馬蹄的橫板，很可能是博風板，上面畫寶石圖案，或真的鑲嵌寶石，增添宮牆的高貴華麗感。

⑦檐瓶層：顧名思義，是接引屋頂雨水的瓶狀懸檐，將雨水導入簷霤，相當於「滴水」。不過，它和屋簷之間，隔了馬蹄層和寶石層，距離太遠了，很難擔負檐瓶導水功能。因此，也有可能是在椽頭畫了檐瓶圖案，才被稱爲檐瓶層。曼荼羅的檐瓶圖案，不像檐瓶，反而像「滴水」。

【備註】 檐與簷的讀音都是研，椽讀音如船，霤讀音如六。簷霤是貼近屋簷，接雨水的橫向或垂直長槽。

⑧紅色闇柱：左右兩根紅色柱子往內縮，陽光照射不到，故名闇柱。兩根闇柱之間，黑色部分是樓閣的三樓大殿。

⑨門楣與五彩橫批布簾：遮陽兼裝飾性質之布簾後方的門楣上，同時懸掛許多比布簾更長的瓔珞和半瓔珞。

閣殿兩側舞幢幡飄傘蓋

四、綵布瓔珞映金牆

①埤堄女牆：迴廊陽台，也可能是三樓的彩繪樓面板，或低矮壘牆。

②紅色闇柱：左右兩根闇柱，中間黑色部分爲二樓大殿。二樓和三樓大殿的黑色，其實是接近黑色的墨藍色。

③馬蹄層：這一層除了美化樓閣之外，實質上有何作用，似乎無稽可考，也無定論。它很像貼近屋簷下方的博風板，有的學者認爲是馬蹄形瓦當。

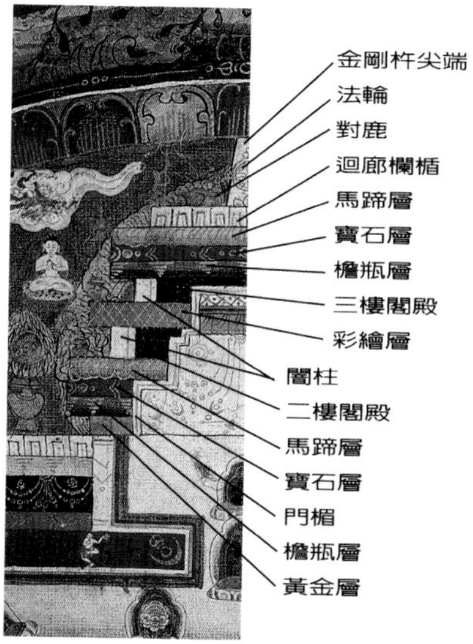

右圖：曼荼羅宮殿與樓閣細部圖

左頁圖：蒙藏文化中心〈觀自在菩薩種字沙曼荼羅〉樓閣與宮殿入口，從細緻圖案可以看出樓層結構。

ཨཱཿ

④寶石層：用寶石裝飾的橫幅房簷。

⑤檐瓶層：懸掛引導雨水的檐瓶，或是畫了檐瓶圖案的橫幅或椽頭。

⑥黃金層：黃金（黃銅）打造的牆腳，有承載厚重牆壁的功能，以及有如踢腳板的防污和美化作用。

五、輪王八寶傘幢幡

①賢瓶如意樹：也稱爲極樂樹。東南西北八只賢瓶的如意樹上，分別長出「輪王八寶」：金色法輪寶、藍色滿願神珠寶、天青色尊貴玉女寶、紅色忠心主臣寶（主藏臣寶）、白色祥瑞六牙象寶、綠色良駒紺馬寶、黑色勇猛主將寶（主兵臣寶）等七政寶，再加上黃色無盡寶藏瓶，總共是八寶。

②吉祥瓶寶幡：曼荼羅用幡（patākā）當做莊嚴飾物，表示主尊與眷屬都具有「降魔而不滅魔」的威德。寶幡頂端有上弦月，盛放半截金剛杵，圖像學稱爲「初月金剛杵」。

③如意瓶法幡：法幡頂端有初月金剛杵。

所謂賢瓶、吉祥瓶、如意瓶等，是名稱不一、實質不二的寶瓶。佛經把同一件東西，翻譯成數種名稱是常見的事，不只是賢瓶而已。賢瓶（pūrṇna-ghaṭa）意指能滋生善福，讓祈請者如意滿願的寶瓶，隱喻菩提心，促使修行者發心勤行精進，如願速成無上菩提。

④修行者：大成就者孤獨寂寥地在宮苑之中靜慮禪修。

⑤傘蓋。上師出門，執事弟子須持傘蓋（chattra）爲上師遮陽。曼荼羅的傘蓋，隱喻弟子於修行結束後，反過來接受上師授予傘蓋、灌頂與加持。

勝樂輪曼荼南方樓閣兩側，有含住金剛杵瓣的摩竭魚。一二樓之間，懸掛瓔珞的挑高門面，形狀像獅子鼻頭，稱為莊嚴獅子面（Kirtīmukha）。

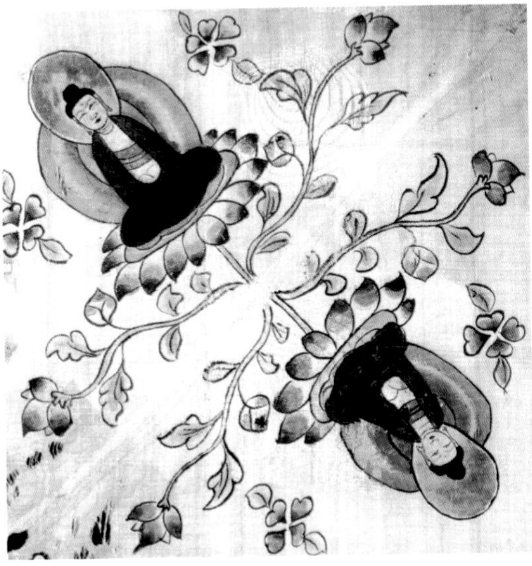

〈右上圖〉執金剛像幡　絹繪　187.5×18.6cm　唐代（九世紀末葉）　敦煌第17窟　大英博物館藏
〈中上圖〉持幡引路菩薩（局部）　絹繪　唐代（9世紀末）　敦煌第17窟　大英博物館藏
〈左上圖〉持琉璃碗菩薩像幡　絹繪　172.5×18cm　唐代（9世紀末葉）　敦煌第17窟　大英博物館藏
〈左圖〉佛像幡頭　綾繪　53×53cm　五代或北宋（10世紀）　敦煌第17窟　大英博物館藏

【根本曼荼羅勝樂六十二尊】

六重宮牆護擁宮殿大門

一踏入外圓內方的內方範圍，等於走進根本曼荼羅的宮殿領地，在這裡，可以看到賞心悅目的宮牆結構和滿盈福慧資糧的勝樂曼荼羅六十二尊。

六、入口方向費疑猜

①門口：擋在T字形下端入口處的是金剛鏁女。

②門扉：在入口兩側，南北向的五色線內側是門扉，又名月牆。入口連接整個大T字形空間，看起來很像倒放的陶甕，裡面寬廣、門口窄狹如甕口，所以門扉又叫做甕牆。

③隱壁：與甕牆呈九十度角，東西向的兩面牆壁，高度比人還高，進門的人看不見而很容易疏忽它的存在，故名隱壁。

④門頰：與隱壁垂直，左右兩片南北向五色線內側，有點像是人的臉頰部位，而稱之爲門頰。

⑤門廳：T字形下方的甕口是入口，上方甕底是大廳，前面有「五色線」擋路。筆者觀察過百餘幅曼荼羅，發現除了祕密集會曼荼羅之外，其他曼荼羅的門廳前方，都有五色線橫亙在前方，來到中庭的人，哪有辦法走進宮殿裡面呢?要解除疑惑，只須把這一段五色線視爲「立面圖」的門楣就對了。

認真探討下去，會發現T字形入口的方位讓人感到很困惑。光看平面圖，會

〈左頁上圖〉祕密集會阿閦金剛曼荼羅宮牆與宮殿式入口

〈左頁下圖〉《普巴金剛檀陀羅》之金剛孺童子十九尊曼荼羅，外輪屍林之內有忿怒尊輪，外宮苑又是一片屍林，頗為詭異。

誤以爲這是要走進樓閣的入口，事實上，這個入口是走過樓閣之後的宮牆入口，往前走不是到達樓閣，而是到達宮殿裡面。

用平面圖來說明，情況就是說：您往西方入口進去，穿過門廳，看似往西方樓閣方向走去，結果等於往東方走，來到東方的宮殿裡面。對「往西就是往東」的地理方位概念不清楚的話，勢必在五里霧中理不出頭緒。

東就是西、前面就是後面的詭異現象，也發生在後述宮牆結構上。

七、宮牆站台有玄機

入口兩側是宮牆，以四方形高牆護衛住曼荼羅宮殿。

①白色女牆：象徵屋脊或斜面屋頂，或許是牆簷，依曼荼羅儀軌而異。

②檐瓶層：法尊法師將檐瓶翻譯爲水簷。樓閣的檐瓶層和屋簷之間，隔著馬蹄層和寶石層。在這裡，宮牆的檐瓶層緊挨著象徵屋簷的女牆，當然能夠發揮導引雨水的功能。

③瓔珞半瓔珞層：瓔珞（muktāhāra）原意是由珍珠與寶石等編綴成串的女性用飾品。半瓔珞（hārakūṭa）爲看起來比較短的半串瓔珞，或含有雜質之珍珠與寶石編成的瓔珞。極樂淨土和北俱盧洲的樹上都垂掛瓔珞，有三角形、四方形、圓珠形和圓圈形等四種。

曼荼羅圖像裡的瓔珞，意指兩端掛在牆上、中間往下懸垂成半圓形的整串珠寶。半瓔珞是只有一端掛在牆上，另一端往下懸垂的珠寶。有些在兩條半瓔珞之間，懸垂一條「寶繐（讀音歲）」添增美感，寶繐算是半瓔珞。

④寶石層：鑲嵌寶石，或是畫珠玉寶石圖案的橫幅。

⑤站台：也稱爲看台或是祭壇。牆壁的壁面怎麼可能有站台呢？使人百思不

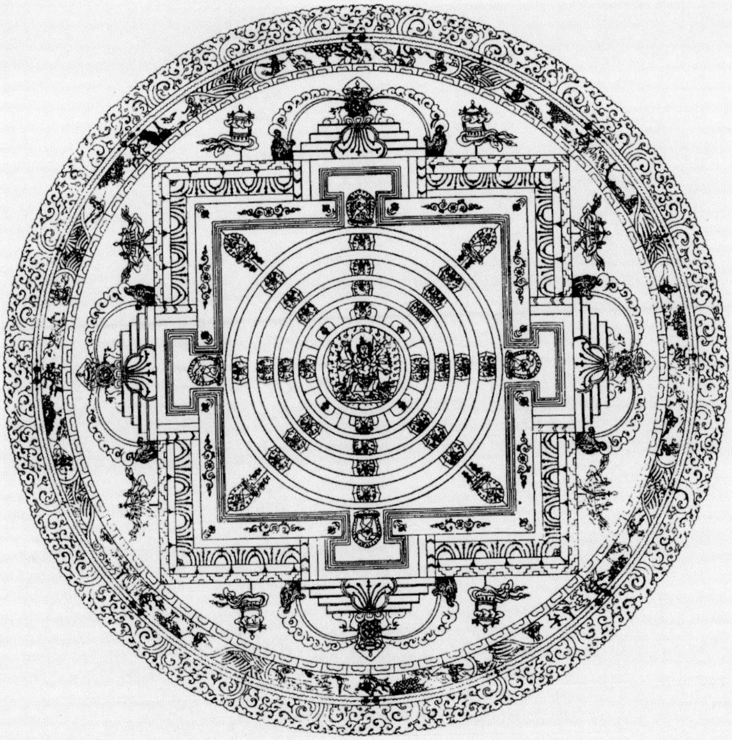

〈上圖〉勝樂輪曼荼羅　影印稿　三最齋集藏
〈下圖〉勝樂輪三昧耶曼荼羅　影印稿　三最齋集藏

解。事實上，站台依不同儀軌出現於二個地方。一是女牆的迴廊。一是宮牆內側或外側的「地面」，為天女翩翩起舞的空間，偶而有護法與天兵神將逡巡其間。後者跟宮牆沒有任何牽連，為何被畫在宮牆結構內，有待探討。

站台角落以及轉角地方，各有一個新月（上弦月），月彎盛放只有半截的金剛杵或紅寶石，通稱「初月金剛杵」或「摩尼（寶珠）金剛杵」。

⑥五色線層：這五條色線的正確位置在哪裡，常引起爭議。由外而內依序是白黃紅綠藍五色，一說不是五條色線組合成一道牆，而是在牆面畫五條色線；一說五色線埋在牆腳底下，是看不見的隱形線。單色的版畫或手繪線畫曼荼羅，沒有色彩，此時不叫做五色線，而稱為五智線，代表五佛五智。

勝樂三昧耶六十二尊曼荼羅

請先參見左頁圖祕密集會曼荼羅，主尊阿閦金剛佛坐鎮正殿井字形中央。往外的偏殿一直延伸到宮牆，都呈現四方形。

第二〇〇與二〇一頁勝樂曼荼羅的圖形就不一樣了。最中央正殿是圓形，外側偏殿也是圓形，一圈一圈由內向外擴張，整體看起來，內殿像車輪安置輪軸的輪轂，往外延伸的偏殿是一圈圈的輪輞。

輪轂往四面八方射出輪輻，它與輪輞、輪轂結合成牢固大車輪，所以勝樂曼荼羅又稱為勝樂輪曼荼羅（Cakrasaṃvara Maṇḍala）。輪轂、輪輞和輪輻都是宮殿的大樑。

一、軸心樂空雙運主尊

正殿主尊為遏羅迦勝樂尊，懷抱明妃金剛亥母（金剛牝豬）。無上瑜伽曼

〈右圖〉無量壽佛羯摩曼荼羅極樂淨土宮牆的「五色牆」
〈上圖〉從圖中可以了解五色線在樓閣入口位置所在

聖龍樹支聖者系阿閦金剛三十二尊曼荼羅　影印稿　三最齋集藏
祕密集會曼荼羅與眾不同的特點，是宮牆 T 字形入口頂端，沒有五色線。

荼羅男尊代表喜樂（慈悲父・方便）、女尊代表空無（智慧母・般若），男女尊相擁抱寓意喜樂結合空無，稱爲樂空雙運、悲智雙運或父母雙入。

二、大樂輪與東北西南方位

整幅曼荼羅中間的第一輪圓圈，稱爲大樂輪或勝樂輪，軸心也是蓮花的蓮心，內爲悲智雙運勝樂尊。大樂輪有八片蓮瓣，按東北西南順位，依序是東方荼吉尼、北方羅摩女、西方犍度羅訶女、南方如色尼女等四尊女神。

諸佛菩薩方位順序，與尊格身分高低有關。之前提到方位順序時，都是東南西北，很順口。現在突然說是「東北西南」，感覺上有點拗口，這是勝樂系統曼荼羅的特色，諸尊一律以左旋（逆時鐘方向）決定身份高低輕重。

大樂輪四隅安放四個盛滿人血和精液的髑髏杯，供養勝樂尊。用鮮血和精液供養主尊，是母檀陀羅曼荼羅美術特色，唐卡裡隨處可見這樣的圖形。

三、身語意三祕輪

大樂輪外圈，亦即輪轂向外第二圈是意密輪（cakra-mano-guhya），又稱爲心密輪。第三圈是語密輪（cakra-vāg-guhya），又稱爲口密輪。最外面的第四圈是身密輪（cakra-kāya-guhya）。

眾生所作所爲，有善業、惡業與不善不惡的無記業三種，「業（行爲）」的原動力源於身體、語言和意識等身語意「三祕」。勝樂輪曼荼羅的身語意三輪合稱三祕輪，它有兩項很特殊的現象，值得一提。

①女尊男卑

身語意各輪的四方四隅有八樂空雙運尊，三輪共二十四對，都只冠上女尊的名，男尊則名不見經傳。例如意密輪東方是樂空雙運富蘭旃陀女，她的配偶

勝樂曼荼羅宮殿　壁畫　拉達克水晶寺　烏金喇嘛攝影

黑行者系傳承鄂支勝樂六十二尊曼荼羅　布繪（薩迦喇嘛提供）

叫什麼名字，勝樂檀陀羅沒有記載，所以不知道他是誰。強調「男尊女卑」的無上瑜伽檀陀羅世界，竟然出現「女尊男卑」，令人意外。

這讓筆者憶想起高中時，和女友（現在的內人）到和平東路師大宿舍，拜訪文壇前輩謝冰瑩女士。她送我一枚觀音心經書籤，正在暢談觀音心咒時，謝教授的先生剛好回到家，我立刻禮貌地向他鞠躬問好：「謝先生，您回來了……。」

內人用力拉我的手，提醒我「謝老師的妻子是謝太太，謝老師的丈夫不一定是謝先生」。回想起來，原因是謝冰瑩名氣太大，才讓我一時糊塗了。

勝樂曼荼羅讓女性主義抬頭，畢竟是一件好事。

②隱藏三祕佛暗號

請注意三圈三祕輪的顏色。意祕輪外緣輪輞是藍色，語祕輪紅色，身祕輪白色，這正暗示觀賞曼荼羅的人說：這三輪顏色和阿閦金剛佛、阿彌陀佛及毘盧遮那佛的身色對應。可知意祕輪諸尊為金剛部眷屬、語祕輪是蓮華部、身祕輪是佛部眷屬。也可以說，三輪暗含阿閦金剛佛、阿彌陀佛及毘盧遮那佛的功德；這項重點，很容易被欣賞曼荼羅美術的人忽略。

四、三昧耶輪禽獸首門衛女

三祕輪外側已經沒有「輪」了，不過，習慣上仍以輪相稱，名為「三昧耶輪」。這區域除了三昧耶像之外，沒有其他「三昧耶形」存在，此處四門四維的女神，具有值得注意的特殊屬性。

①四方守護門衛女，都是人身禽獸首女神：

⑴東方鴉首女。

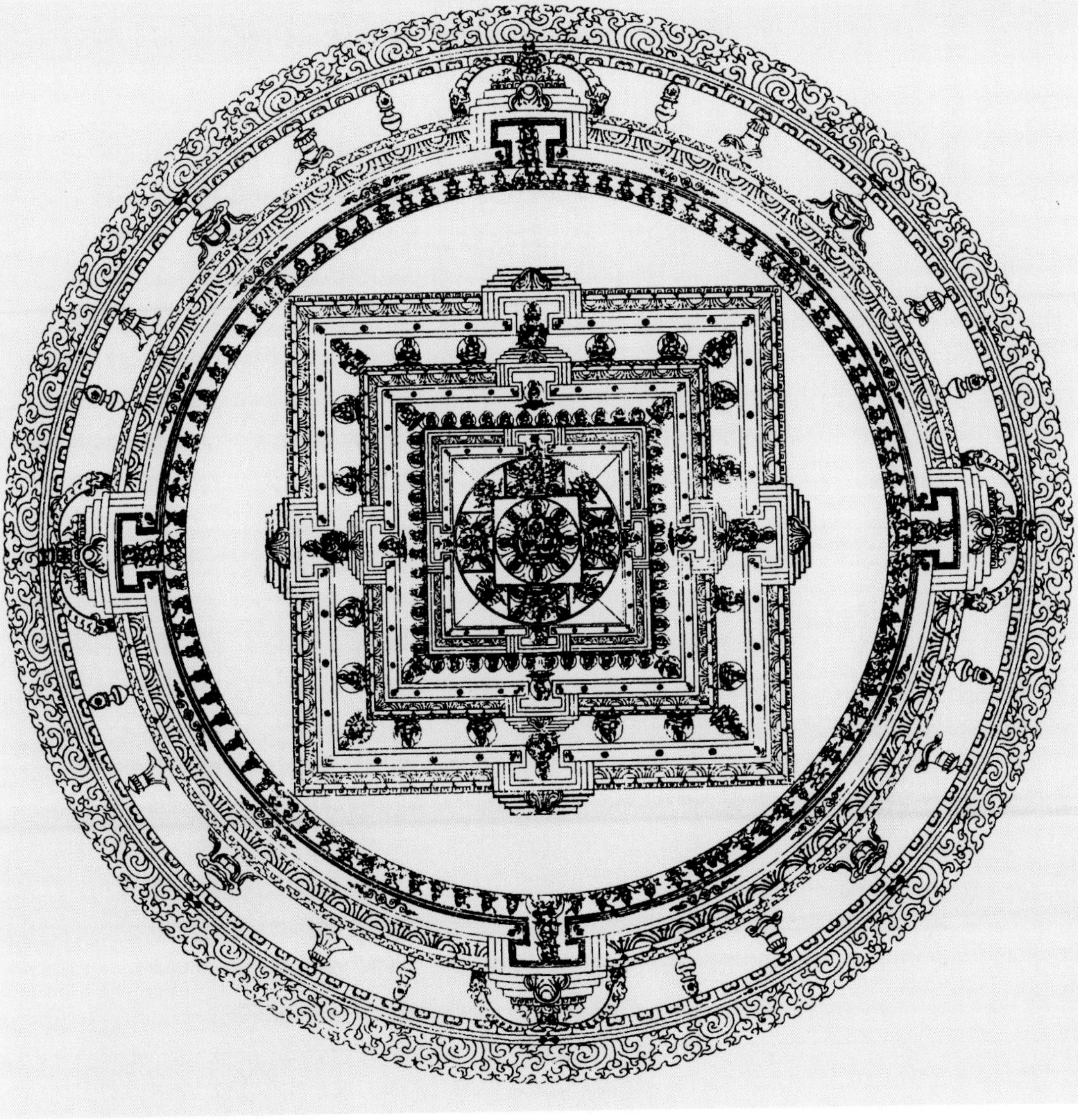

〈上圖〉法界語自在曼荼羅　影印稿　西藏　三最齋集藏　本幅特色是蓮華之內為傘幢瓶輪，非常罕見。主尊四面八臂文殊菩薩（Dharmadhātuvāgīœvara）。
〈右頁圖〉筆者家宅佛壇為羯摩曼荼羅

(2)北方梟首女。

(3)西方戌首女（狗頭女）。

(4)南方亥首女（豬頭女）。

無上瑜伽檀陀羅以前的曼荼羅，也有人身禽獸首，但是數量很少，而且是大家耳熟能詳的。陌生又奇怪的新禽獸首女神，最早出現於「三摩瑜伽檀陀羅」。許多母檀陀羅有樣學樣，又爲了要獨樹一幟，陸續創造出讓人驚惶失措的禽獸首女神，到中陰度亡經（中陰聽聞救度教誡即得大解脫祕法）的文武百尊曼荼羅出現時，禽獸首女神已經超過五十名以上了！

「中陰度亡經」的鴉首女和梟首女是毘舍遮（Piśāca・食人肉鬼），戌首女是羅刹母（rākṣasī・凶暴女鬼），亥首女是瑜伽女，請參見拙著《白話本西藏中陰度亡經》。

②四維四女神：

(1)東北方夜摩熾燄女（夜摩勝女）。

(2)西北方夜摩牙女。

(3)西南方夜摩使女。

(4)東南方夜摩能摧女（夜摩堅女）。

四女神在本質上都是「荼吉尼（ḍākinī・空行母）」之屬。名字冠上夜摩（Yāma），可見都是夜摩天的眷屬，至於爲何要集體從夜摩天集團離家出走，跑到勝樂曼荼羅三昧耶輪，是值得研究的課題。

【備註】 四門衛女與四夜摩女的方位，隨法本不同而異。如捨迷離亂勝樂曼荼羅、金剛空行勝樂曼荼羅等，夜摩天的位置與本曼荼羅不同。

東方鴉首女（右上圖）、北方梟首女（左上圖）、西方狗首女（右下圖）、南方豬首女（左下圖）。

空行大海勝樂十四輪勝樂曼荼羅　共有一四八六尊，主尊世尊金剛空行具十七面七十六臂二足，懷抱明妃金剛亥母。內第一大輪之佛陀意輪有五輪，往外的佛陀語輪和身輪各有三輪，最外圈三小輪是意語身輪刃。每一大輪外圍都有八大屍林，可見是由三個曼荼羅組合成尊數多如大海的曼荼羅。

奇怪的雙色身荼吉尼

勝樂曼荼羅的方位顏色是東方白色、北方綠色、西方紅色、南方黃色。

東北方夜摩熾燄女，位置剛好在東方和北方交界處，她身體靠東方左半邊是白色、北方右半邊是綠色。依此類推，西北方夜摩使女、西南方夜摩牙女和東南方夜摩能摧女也都是雙色身，這又是勝樂曼荼羅與衆不同的特色。

利用雙色身體示意位居兩個方位中間，在曼荼羅藝術中誠屬罕見，但非絕無僅有，「金剛荼加」（vajradāka）唐卡也有雙色身荼吉尼。

雙色身概念源自印度教雙身濕婆神。印度教的女神崇拜和性力信仰觀念很強烈，就如基督教與天主教的聖母瑪莉亞、或佛教觀世音菩薩一樣，印度教許多女神的人氣勝過男神，尤其濕婆神的配偶帕波緹（parvati・雪山女神）更是集所有信徒千萬寵愛在一身，比濕婆神更受崇敬。

「濕婆派」信徒不服氣，於是想出一個妙法，把濕婆和妻子帕波緹合爲一體，成爲右半身是濕婆、左半身是帕波緹的合體神，以此搶回改信帕波緹的信徒，再創濕婆信仰高潮。合體神信仰大大影響後期佛教密宗，佛教不認同合體神，只好創造主尊與明妃擁抱的合體尊，彰顯悲智一體、樂空雙運。

時輪摩訶勝樂曼荼羅

勝樂六十二尊之外，還有勝樂六尊（加上四明妃共十尊）和勝樂十四尊。還有更古老，只有大樂輪和三昧耶輪的勝樂曼荼羅。先有勝樂六尊，後人加油添醋成爲十四尊，再疊床架屋，於大樂輪與三昧耶輪之間塞入意密、語密與身密三輪，增肥爲六十二尊。

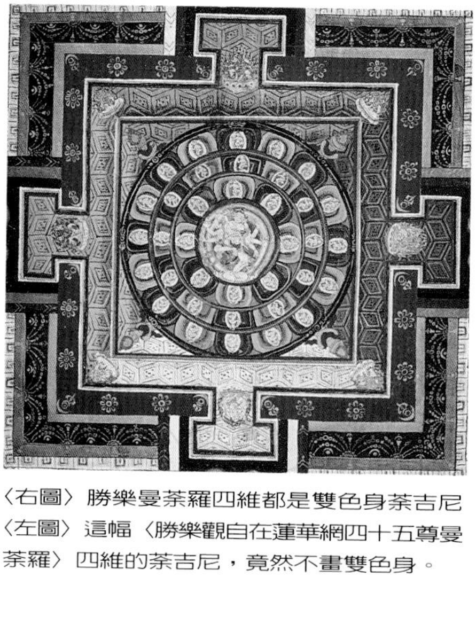

〈右圖〉勝樂曼荼羅四維都是雙色身荼吉尼
〈左圖〉這幅〈勝樂觀自在蓮華網四十五尊曼荼羅〉四維的荼吉尼，竟然不畫雙色身。

和配偶帕波緹合為一體的濕婆雙身像　印刷品　42×29.5cm　三最齋集藏

勝樂六尊是只有勝樂輪的曼荼羅，主尊勝樂和明妃金剛亥母居中，周圍八片蓮瓣上面有東方荼吉尼、北方羅摩女、西方犍度羅訶女與南方如色尼等六尊，加上最外圈三昧耶輪八尊，就是勝樂十四尊曼荼羅。若是再增加三密輪的二十四對荼加與荼加女，就成爲「勝樂六十二尊曼荼羅」了。

無上瑜伽父母雙入曼荼羅的「時輪曼荼羅」思想成熟時，模仿勝樂輪的增肥技巧，創造出時輪摩訶勝樂曼荼羅（Kālacakra mahāsaṃvara maṇḍala）。它和時輪曼荼羅一樣，主尊名字也叫時輪（Kālacakra）、明妃名字同樣是毘舍浮摩多（Visvamātā・一切不二佛母），其實，主尊真正身分是阿閦金剛佛的化身，明妃是金剛薩埵的化身。

雖然無法了解阿閦金剛佛如何化身爲時輪（訛稱時輪金剛），喜歡探索曼荼羅美術的人，也很少人有興致深入研究個中道理，但是，對明明是雄武男尊的第六佛金剛薩埵，爲何要化身一切不二母，去當時輪的配偶呢？大概不論是誰，都會心生疑竇吧？

在美術構圖上，時輪摩訶勝樂曼荼羅有六輪（智輪及地水火風空輪），各輪諸尊排列順位爲「東南北西」，與勝樂曼荼羅的「東北西南」順位大異其趣；這些彆扭的變化屬於佛學研究範疇，於此不擬深入說明。

有天使輪的《時禱書》曼荼羅　細密畫局部　12世紀　德國
不可以畫出上帝的形象，所以中間主輪留下空白，讓大家想像。往外九輪都是歌詠上帝「光榮聖詩」的天使輪。

荼加金剛曼荼羅　線畫影印稿　28 × 28cm　三最齋集藏

四落十三圈的大型曼荼羅，與〈空行大海勝樂輪曼荼羅〉類似。主尊荼加金剛。第二圈心滴輪有二十四尊空行母。第三圈金剛輪，有母檀陀羅勝樂曼荼羅身語意三祕輪諸女尊。第四圈心輪，為父檀陀羅代表者之祕密集會檀陀羅諸尊，皆為「女性形」。荼加曼荼羅同時擁有父母檀陀羅要素，是無上瑜伽演進成無上瑜伽不二檀陀羅過渡時期的曼荼羅。

拾・繪製勝樂曼荼羅要訣

【宮殿六道牆面畫法】

傷腦筋的足麥指肘單位

勝樂檀陀羅原典出自《檀陀羅名義集》（Abhidhāna Tanara），原文晦澀難讀，各家抄寫時，免不了依自己的意思下筆，畫了很多手稿，因此誰都自以為是，導致修行勝樂檀陀羅的大成就者，擁有手抄本的都自立門戶，大大提高勝樂檀陀羅知名度，可以用赫赫有名來形容。

勝樂曼荼羅的尊像組合、圖形結構以及色彩運用等，確實別出心裁、獨具一格，值得藉「勝樂六十二尊曼荼羅」來說明繪製的趣味所在。

勝樂六十二尊曼荼羅的本義，以及根本曼荼羅圖形的內涵、門標和內殿的名稱等，在前面章節已經詳細說明過了，於此不再贅述，直接說明最基礎的彈線步驟。再者，繪製曼荼羅要從釘橛開始，到畫出梵線、角線與根本線的方法，在「伍・繪畫胎藏曼荼羅祕訣」單元已經解說過，所以就跳過這個起始步驟，直接銜接下一個步驟開始說明。

解說之中，不採取西藏慣用尋、肘、拃（搩）、指、足、麥等測量單位，改用簡單易懂的「線」和「格子」為單位，不必為換算尺寸而傷腦筋。至於為何要畫一格或必須畫四格？其中的規定請參看宗喀巴著《密宗道次第廣

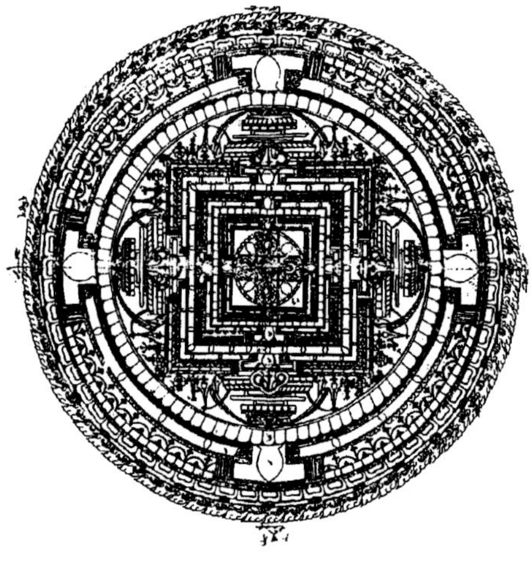

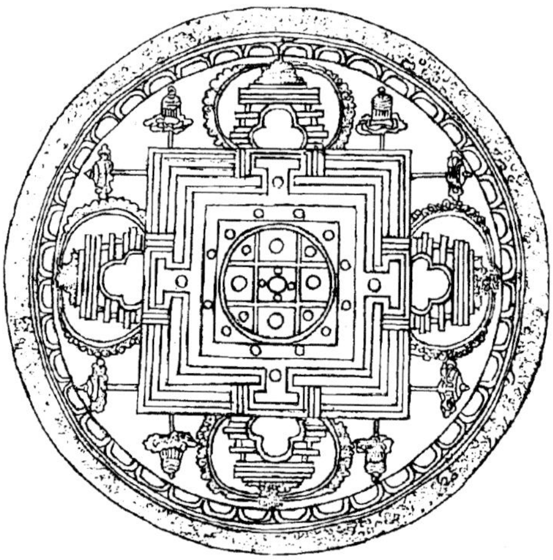

〈右圖〉《曼荼羅繪製儀軌》法本的參考圖
〈左圖〉尼泊爾法界自在語曼荼羅草稿　紙本線畫　大英博物館藏

文殊金剛勝樂二十五尊曼荼羅，主尊六面十二臂文殊金剛，懷抱三面四臂明妃金剛亥母。三大輪自內而外為意輪、語輪與身輪。勝樂輪順位為東北西南，蓮瓣自東方（下方）起為空行母、大惡可怖和大鼻女、羅摩女、鈴環和具光女、摧碎女、骸骨和猛暴惡女、具才女、缺壞和可畏女。

論》。

宮牆分量距離畫法（見二二三、二二五頁圖）

繪製曼荼羅分爲彈線和彩繪（上色）兩大進度，本單元主題是彈線，通稱「畫線」，完成的作品稱爲「線畫」，是曼荼羅美術的龍骨。畫好四條梵線和角線之後，接著要畫根本線。

一、根本線

①大四方形外側線：在兩條梵線（brahmasūtra）上面，和圓心同樣距離的定點，畫出上下與左右與梵線平行的四條線，成爲正方形。接鄰的每兩條線，都在角線（koṇnasūtra・對角線）的同一定點碰觸，構成正方形。曼荼羅圖像學把構成正方形的四條邊線，稱爲「根線」。當做以後所有根線之測量基準的第一條根線，稱爲「根本線」（mūlasūtra）。

撇開根本線的特性不說，宮牆正方形的邊線稱爲「脅邊線」（pārśvasūtra），又名側線或外側線。脅邊線長度是四十八「分量」（mātra），每分量是一根手指頭的「寬度」，又稱爲一指量。爲免受到尺度單位名詞「分量」的困擾，在此將每一分量稱爲「一個格子」。外側線總長度四十八格，等於以圓心爲準，梵線左右或上下兩側的「半徑」都是二十四個格子。

②小四方形內側線：前述①的外側線，是宮牆最外面的根本線。從四條根本線分別往圓心方向起算，到第八個格子的位置，畫四條與根本線平行的小正方形，成爲宮牆的內側線。

金剛界曼荼羅入口牌樓　蔡東照繪

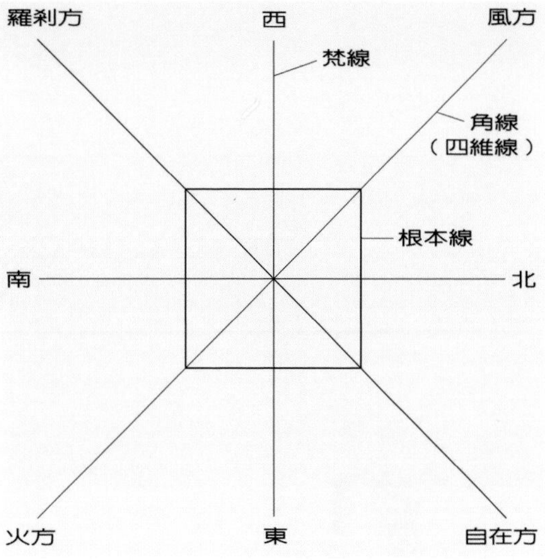

1

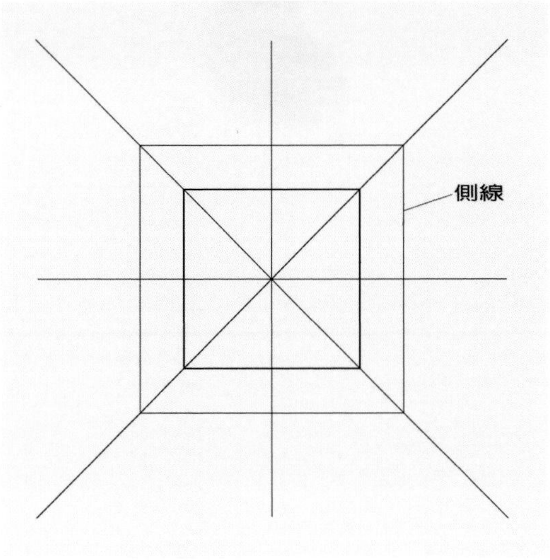

2

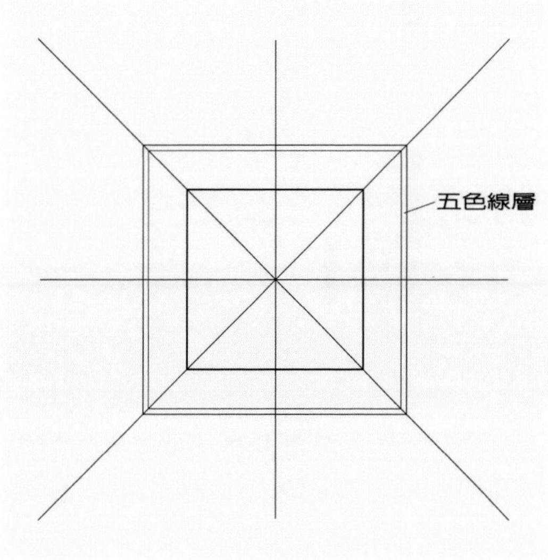

3

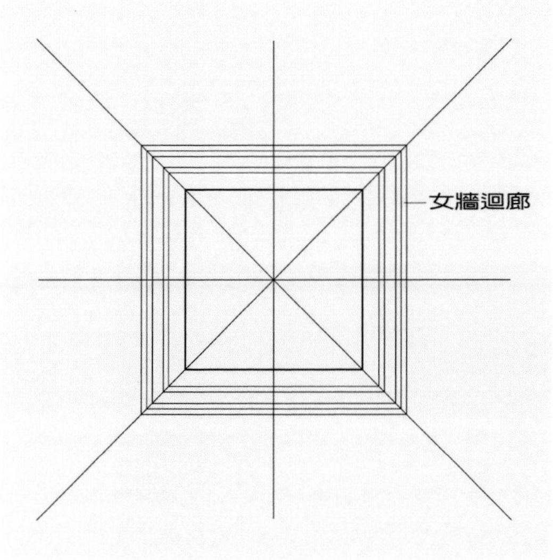

4

曼荼羅宮牆繪製法一至四　　陳靜惠繪

外側線和內側線之間的空間，是四方形宮牆的範圍。雖然其中有不屬於宮牆的站台在內，不過爲了方便起見，一律稱爲宮牆的「牆頂道」。

③中四方形間線：牆頂道厚度佔八個格子，在內側線和外側線的中間畫一條線，叫做「間線」，四條間線構成中四方形。

二、牆頂道

①從外側線往內，畫出佔一個格寬度的四方形，是埤垷外牆。

②再往內一個格子，畫出環繞四周的四方框，是檐瓶層。

③又往內算兩個格子，是已經畫好的「間線」，這個四方框內的地帶，是瓔珞與半瓔珞層。

以上①②③佔有四個格子。

④越過間線，往內一個格子畫出四方框，這個地帶位於瓔珞半瓔珞層和寶石層的中間，名爲「間帶」，通常鑲有各種寶石，所以通稱寶石層。

⑤再往內二個格子寬的地方，畫出四方框地帶是站台的位置。

⑥剩下最後一個格子是五色線層，又稱爲五色道界。道是量詞「條」的意思，界是兩道條幅之間的界線。五色道界意爲：五種界線分明的色條，彼此並列在一起的區域。

既然有五道，表示在這一個格子裡面必須畫四條線，才能夠界定出五道空間，成爲牆頂道線畫最精緻的地帶方。

以上④⑤⑥佔有四個格子；①到⑥總共佔有八個格子。

曼荼羅宮牆

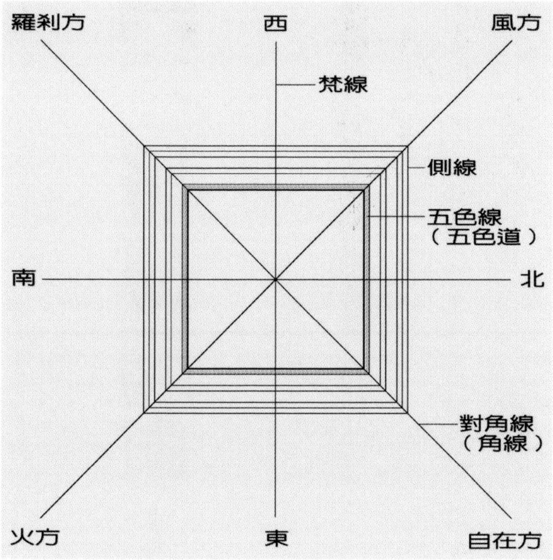

6

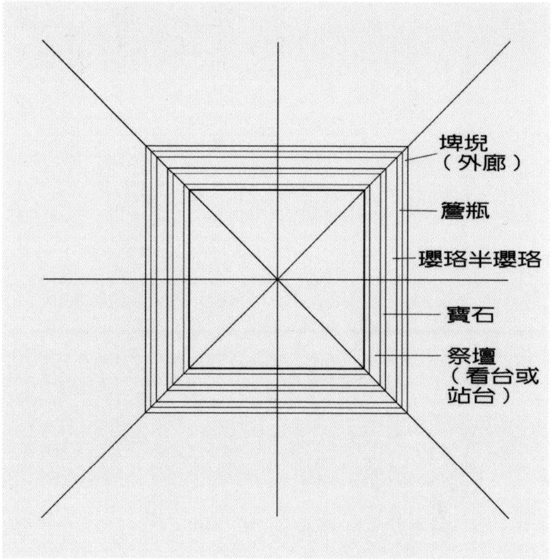

5

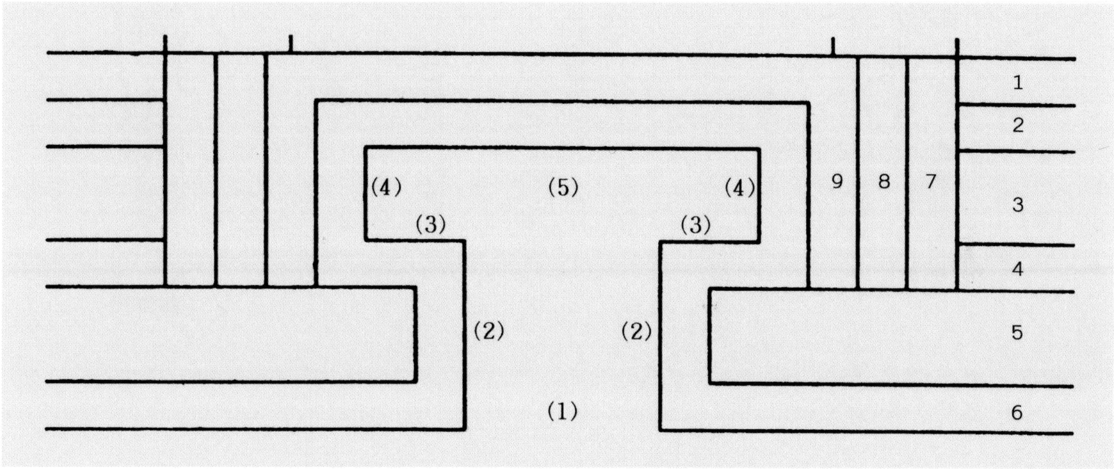

〈上二圖〉曼荼羅宮牆繪製法五至六　　陳靜惠繪

〈下圖〉曼荼羅宮牆入口圖解：

（裡）（1）入口　（2）門扉　（3）隱壁　（4）門頰　（5）門廳

（外）　1 埤垷　2 檐瓶層　3 瓔珞半瓔珞層　4 寶石層　　5 祭壇　6 五色線層　7 闍柱　8 空間　9 門楣

【三層樓閣與大門畫法】

樓閣門標分量距離畫法（見二二七、二二九頁圖）

接著要畫牌樓（toraṇa），《大日經》稱牌樓為門標。若把所有格子線全部畫出來，很容易紛繁複雜而看得眼花撩亂，因此僅畫出和牌樓相關的線條。

三、樓閣高度與寬度

①以兩條通過圓心、互相垂直的梵線為基準線，分別向左右兩側畫十條平行線——產生九個格子——每條線的長度為八十四個格子。

②扣掉與根本線（外側線）等長的四十八個格子，餘三十六個格子，表示在根本線之外，四邊都是多出十八個格子。

以下談到「第某條線」或「第某個格子」時，都從根本線或梵線起算，但是不包括根本線或梵線在內。為更容易了解起見，敬請同時參考第二二二頁的放大線畫圖。

③從根本線起算，到第六個格子的中心點（相當於第五・五格）停下來，把此點為圓心，用「九・五格」長度為半徑畫圓，圈內就是樓閣範圍。

四、樓閣細部位置與尺寸

①迴廊垛牆（第十三格）：距離梵線第十三格的位置，牆寬十個格子。畫垛牆之時，高度以「半個格子」單位，分為上下二段。中間四個格子只畫下半段，上半段從缺，因為這裡要安置毘首金剛（viśvavajra）杵。毘首金剛杵

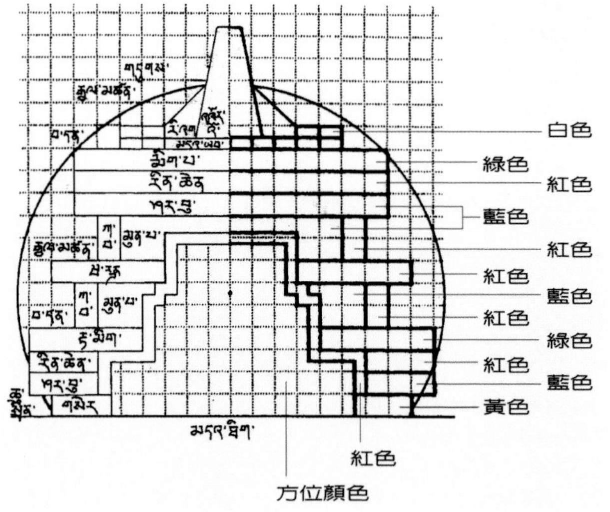

曼荼羅樓閣設色法本　蔡東照繪

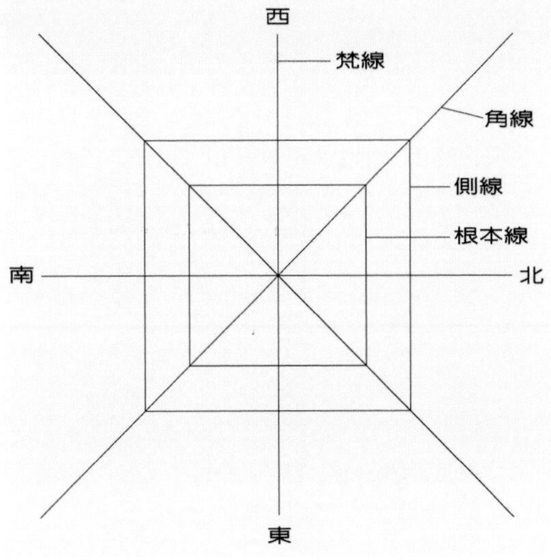

1

2

3

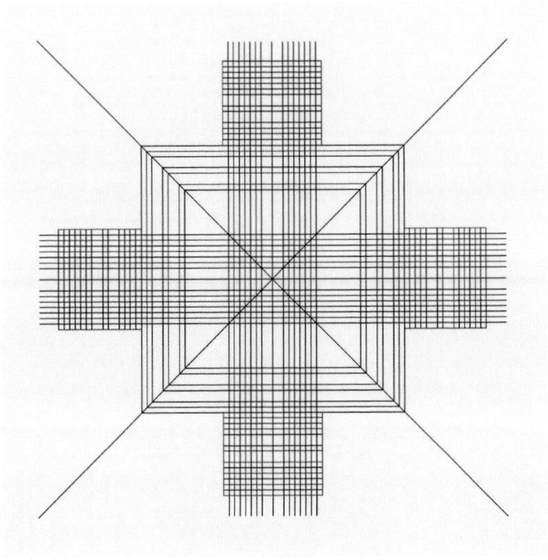

4

曼荼羅與樓閣度量法一至四

的度量規格，於談論「外輪」畫法時，再做說明。

②馬蹄寶石層檐瓶（第十二到第十橫格）：垛牆下方，連續畫三個橫條，每一橫條各佔一個格子，依序是馬蹄層、用寶石為飾物之屋檐的寶石層，以及懸掛引導雨水之瓶狀物的檐瓶層。

這三層牆面連續重疊，都是高一個格子、寬七個格子。

③三樓大殿與閣柱（第九、八橫格）：檐瓶層下方是三樓大殿，通稱「閣殿」，高二個格子、寬十二個格子。向左及向右算到第六格的位置，畫縱寬一個格子、高二個格子的長條形，代表兩根閣柱。中間是陽光無法完全照射進來的閣樓大堂，有點昏暗的三樓閣殿，也稱為閣堂或閣室。

④門楣（第八到第一格）：閣室正中間要畫閣樓入口的閣門，門楣上緣在八又四分之一格的位置、下緣在七又四分之三的位置，亦即門框的高度和寬度都是：$1/4+1/4=1/2$ 個格子。

門楣最頂端的外緣寬度是六個格子。以線畫圖右側為例，門楣外緣從第三格垂直到第六格，門框以半格長度呈Z字行轉彎，垂直到第三格再右彎到第六格，轉為垂直到第二個格子，亦即黃金層的上方就結束。

⑤壘牆閣柱與閣台（第七到第五橫格）：在三樓閣殿下方，畫高度一格、左右八格的橫幅，代表石片或銅片砌積、加畫彩繪的壘牆或是樓板。

壘牆下方，在左右第七格的地方，畫寬一格、縱為第六與第五格等二格高度的閣柱，左右兩根柱子之間的閣堂，是閣樓二樓的大殿。

⑥馬蹄寶石檐瓶層（第四到二格）：接下來畫高度一格、寬度十八格的馬蹄層，再往下第三與第二連續兩條橫格，同樣都是寬度十八個格子，依序是寶

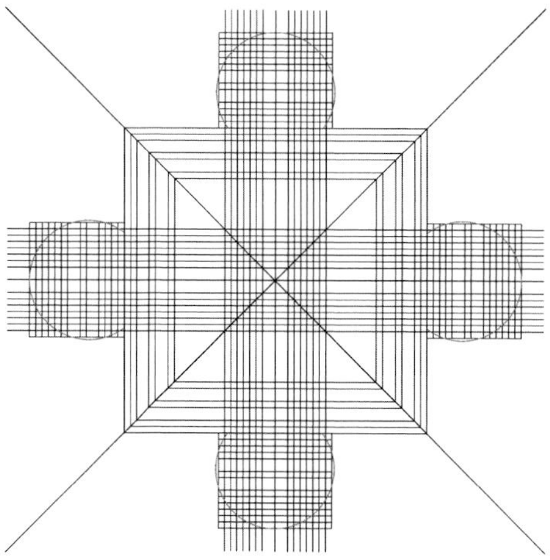

5

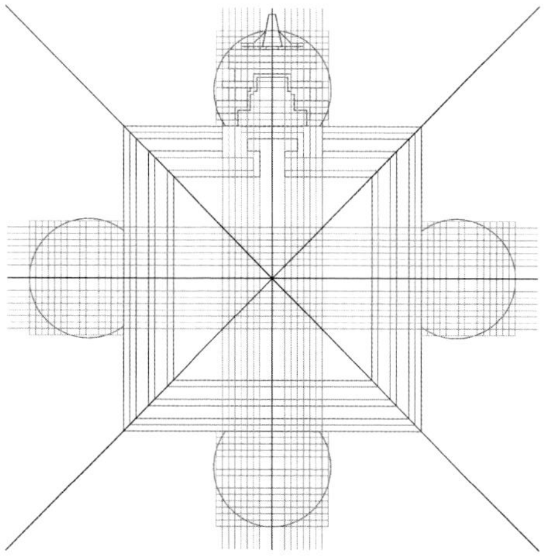

6

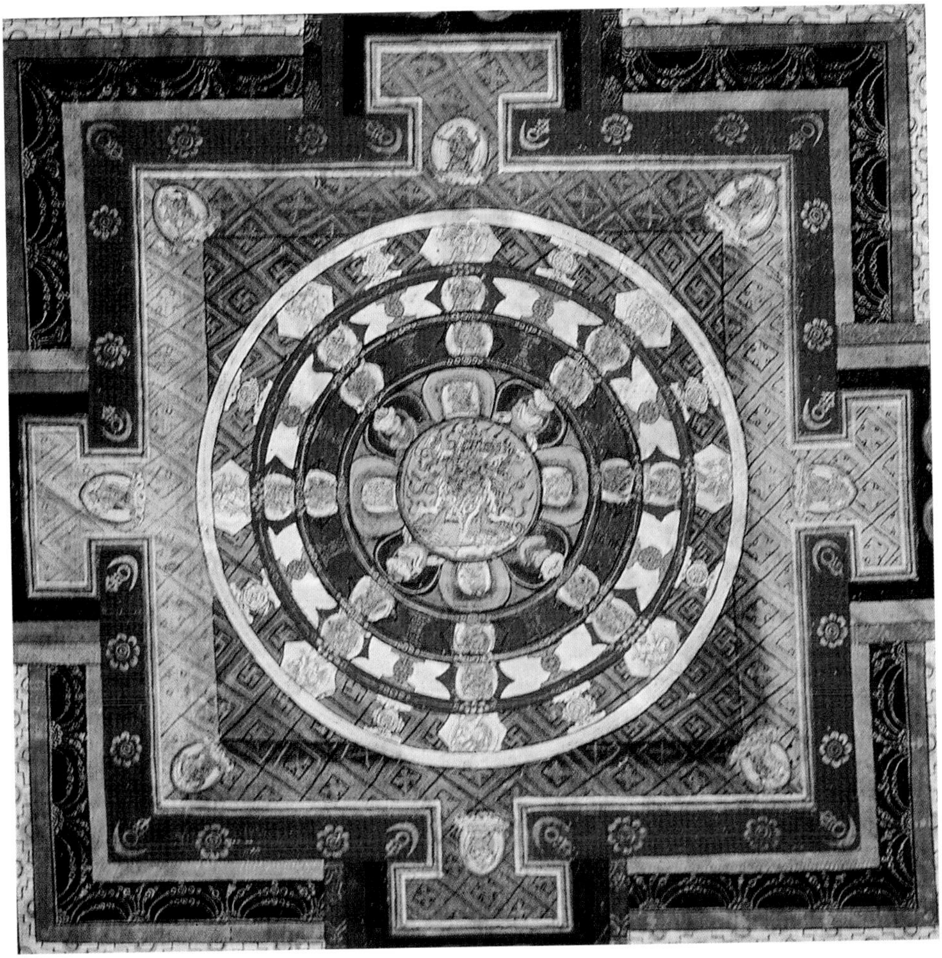

〈上圖〉驢面勝樂三十七尊曼荼羅，主尊三面（正面為驢馬面）四臂勝樂尊，擁抱明妃金剛亥母。

〈下四圖〉曼荼羅與樓閣度量法五至八

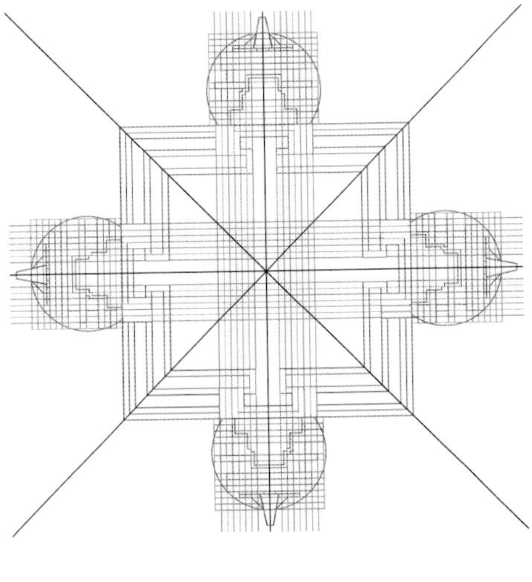

8

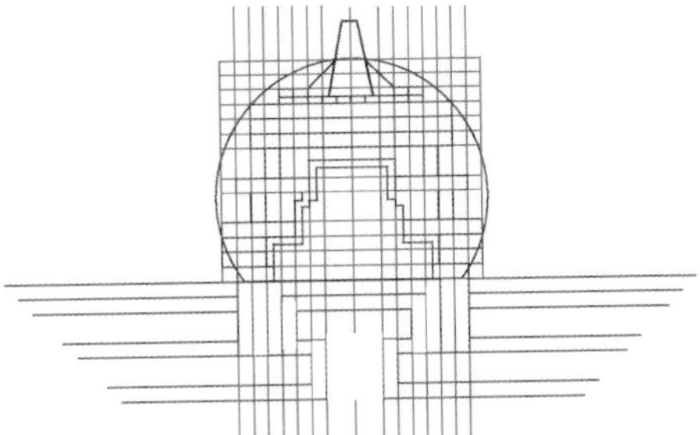

7

石層和檐瓶層。

⑦黃金層（第一格）：最後畫的，是和閣牆連接的黃金層。外側都向內縮一格，扣除門框，兩側各有二．五格。請注意，本圖例門框架在黃金牆上，有些曼荼羅的門框，往下延續到閣牆邊緣，使黃金層寬度僅剩二格。

樓閣大門周邊分量距離畫法

閣樓兩片黃金層下方，屬於宮牆大門的範圍。宮牆大門往左右兩側延伸，轉九十度角之後，會碰到另一邊的閣樓。四個轉九十度角的帶狀宮牆，都稱爲「牆頂道」。大門似乎很複雜，其實畫起來一點也不難。爲了便於計數格子與線的正確位置，仍然以根本線當做測量基準線，往圓心方向計數。

五、天井寶瓶柱與彩幡

①天井（第一橫格）：閣門下方是宮牆的入口大門和中庭。閣門下方第一個格子，形狀像ㄇ字形的是天井。天井自身的高度和寬度都佔一格，畫的時候以梵線爲中心點，高度佔一個格子、左右各佔六個格子，到了第六格的地方，以九十度角垂直轉向下方，縱寬一個格子、縱高共佔五個格子。

天井不一定位在此處，有些法本的曼荼羅，大門上方並沒有ㄇ字形天井存在，它們將黃金層的那一橫格，在兩段黃金層的中間連成橫幅，當做天井。

②寶瓶樑柱：緊鄰天井左右兩側，各畫縱寬一個格子、縱高五個格子的長幅，這縱幅是在閣樓入口，支撐閣樓的一對柱子。有些曼荼羅在柱子下端還畫上寶瓶，以示樑柱由寶瓶支撐，此時稱爲寶瓶柱。

③垂珠彩幡：在左邊寶瓶柱的左側、右邊寶瓶柱的右側，各畫一條與寶瓶柱

九佛頂曼荼羅　影印稿　西藏　三最齋集藏
《惡趣清淨檀陀羅》之中，與普明曼荼羅齊名，主尊釋迦牟尼佛，自東方（下方）左旋為金剛佛頂、光佛頂、寶佛頂、幢佛頂、蓮華佛頂、利佛頂、一切佛頂、傘佛頂。

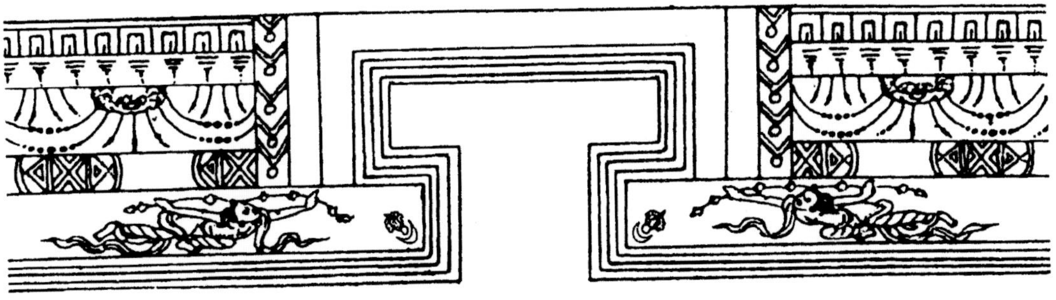

〈上圖〉 曼荼羅樓閣與宮牆　貝瑪南覺臨摹
〈中圖〉 曼荼羅樓閣與宮牆
〈下圖〉 宮牆站台供養天女　蔡東照繪　站台是供養天女活動的地方，位於宮牆外側地面，又名「供女朱台」。多數曼荼羅都畫蔓花（花鬘）取代天女。有的法本認為：宮牆頂端，被女牆圍住的「盝（讀音離）頂」或「迴廊」也有供養天女。

面積同樣大小的縱幅，這個條幅不是建築物的一部分，而是寶瓶柱與外牆之間的「空間」，爲了美化這個間隙，於是在從上方垂吊一幅彩幡。

彩幡每隔一小段，畫了似乎有兩個重疊向下的箭頭，是彩幡上的布褶。正下方有一個小圓圈（或不畫小圓圈）是珍珠或寶石。

六、大門入口及周邊

①五色界道（第二橫格）：ㄇ字形天井的內側是五色線層。緊貼天井，以一個格子爲單位，在第二橫格畫十個格子寬，在左右第五個格子畫四個格子長，構成三邊與天景平行的ㄇ字形。

被ㄇ字形包圍的空間是中庭，ㄇ字形上方橫幅是大門的門楣，垂直的左右兩側是門頰。

②門側隱壁（第五橫格）：ㄇ字腳在第五直格與第五橫格交叉點，於此向內側橫畫三個格子，就是比人高而看不見的隱壁。

③門扉：在第三格與第五橫格交叉點，向下畫四個格子，停在第八橫格的地方，住兩條垂直線門扉。

五色線畫到這裡，底部再往左右兩側延伸，就成爲宮牆之牆面的一部分；這又是很弔詭的情形。五色線層在入口的地方是立面圖，爲垂直豎立的「門框」，在宮牆的地方是平面圖，位於宮牆下方，類似踢腳板的位置。立面圖突然轉變爲平面圖，若是一下子沒會意過來，可能變得霧煞煞，不知道該怎麼接續畫下去了。

還有，沙曼荼羅在製作時，是從中間往四面八方延伸，從這個角度來看，入口的門應該算是出口門才對。這樣，更能體會出「門」的正確造型。

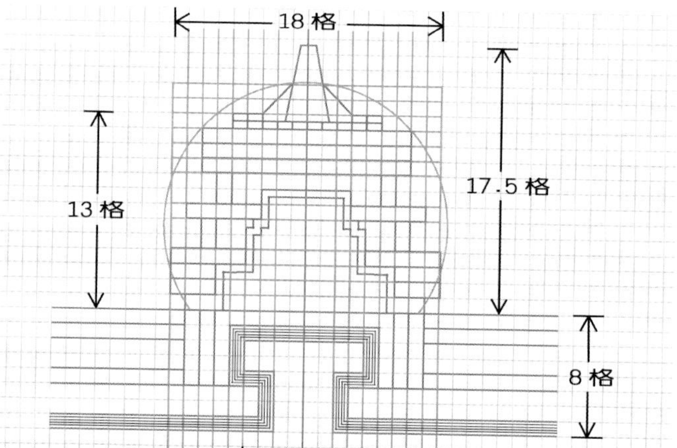

曼荼羅樓閣與宮殿入口比率圖　陳靜惠繪

〈上圖〉西藏醫學之藥師佛曼荼羅（局部） 布繪唐卡局部 三最齋集藏

〈下圖〉智慧空行母 布繪局部 14世紀（薩迦喇嘛提供）

【大樂三祕輪與輪幅畫法】

大樂主輪八葉輪分量距離畫法

每次談到鑑賞曼荼羅美術作品時，都強調「由外向內，逐步欣賞」。不過，在畫勝樂六十二尊曼荼羅的「五輪」時，必須反方向落筆，按部就班由內畫到外。

從宮牆內側邊線，到曼荼羅中心點，長度十六個格子，以此距離爲半徑畫圓圈，圓周剛好碰觸到梵線與宮牆內側線的交叉點。這個圓周是身祕輪的外圈。

①大樂輪：兩個很接近的圓周，形狀如腳踏車的車輪，稱爲「輪」。大樂輪和三祕輪都是由一個「寬輪」加一個「窄輪」組合而成，寬輪是主輪，窄輪是攀緣主輪而生的副輪，又名緣生輪（pratītyasamutpanna-cakra）。

宮牆內側邊線，到曼荼羅中心點有十六個格子，平均分給大樂主尊輪、八葉蓮華輪以及三祕輪等五輪，每輪寬度三又五分之一個格子。

將圓規定點於曼荼羅中心，採「三・二格」長度爲半徑，畫出第一個圓圈是主尊輪，再加三・二個格子長度，畫出來的是八葉蓮華輪。原則上，主尊輪和八葉蓮華輪，二者一體成型爲「大樂輪」，不可分割。

【備註】勝樂曼荼羅的分量尺度法和畫法有很多版本，本文選取比較容易計算尺度的版本，以免因計算數字而擾亂思考，妨害閱讀的順暢程度。

包含大樂輪在內，每一輪都必須分爲「主輪」與「副輪」。主副輪比率

三布吒金剛薩埵曼荼羅
影印稿　三最齋集藏
又名虛心合掌金剛薩埵曼荼羅，造型與勝樂曼荼羅相似。主尊金剛薩埵雙身、東方為毘盧遮那、南寶生、西阿彌陀、北不空成就等四佛；四維東南為我母、西南白衣佛母、西北度母、東北金剛凶暴女。

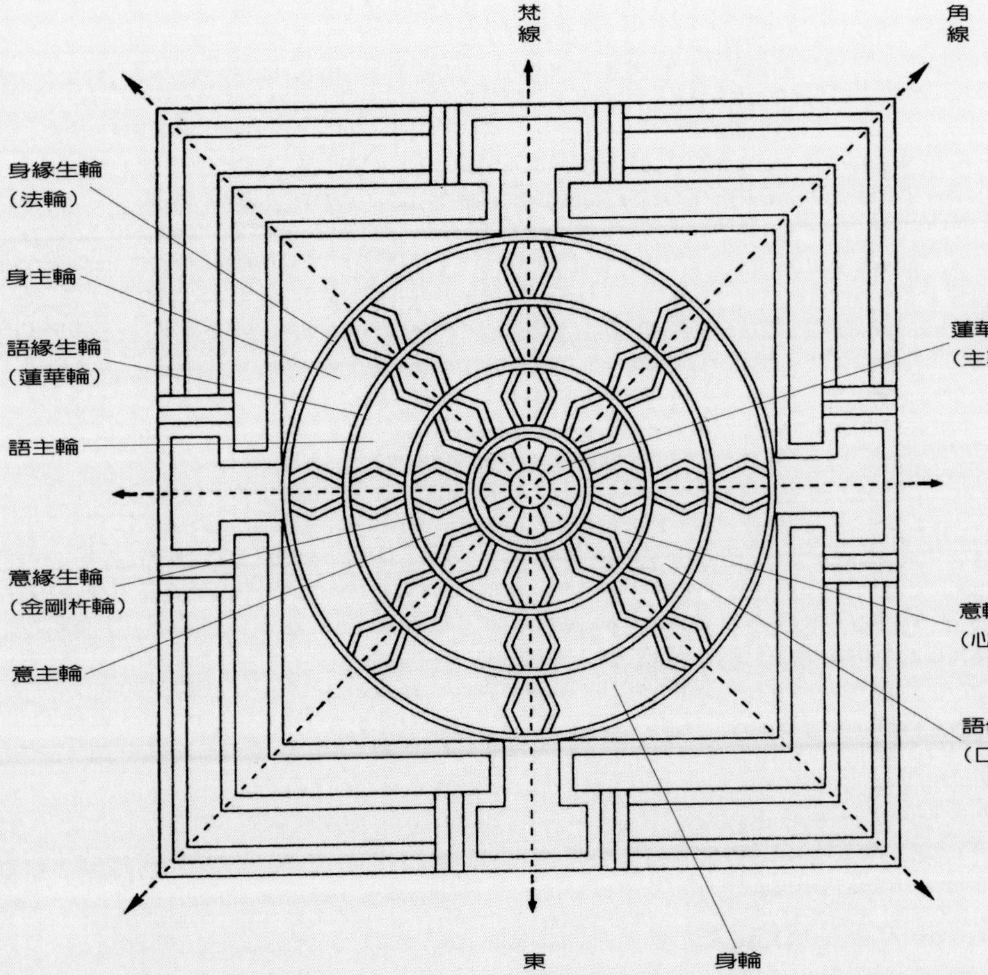

勝樂輪曼荼羅輪幅畫度量　蔡東照繪

有二種不同版本，本頁下方左圖的副輪佔四分之一，右圖的佔五分之一；本文取後者比率準。

三祕輪三昧耶輪分量距離畫法

以畫八葉蓮華輪的方法，繼續往外方畫三組主副輪，分別是意祕輪、語祕輪和身祕輪。各輪都有八對擁抱在一起的荼加和荼加女，他們站在四方梵線和四維角線構成的「菱形輪輻」位置上面。總共二十四組雙運身，依照東北西南排列順位決定他們身份高低，並依照內圈外圈決定他們的所處的地域。

之前說過，勝樂曼荼羅是女權至上的母系社會，僅荼加女有名字，荼加一律「名不詳」。在美術圖像寓意上，三祕輪具有不同涵意，請參見左表：

名稱	位置	宇宙空間	八荼加女出身
意祕輪	最內圈	虛空界	空行妃女（khecarī）
語祕輪	中間圈	地上界	地行妃女（bhūcarī）
身祕輪	最外圈	地下界	居妃女（bāhyapātālavāsinī）

畫三祕輪分量的時候，要注意三個緣生輪（副輪）裡面，所畫的持印（圖案）是不一樣的：

名稱	副輪位置	副輪圖案	圖案所屬	三部所屬
意祕輪	最外圈	金剛杵	阿閦如來	金剛部
語祕輪	中間圈	蓮花	阿彌陀如來	蓮華部
身祕輪	最外圈	法輪	毘盧遮那如來	佛部

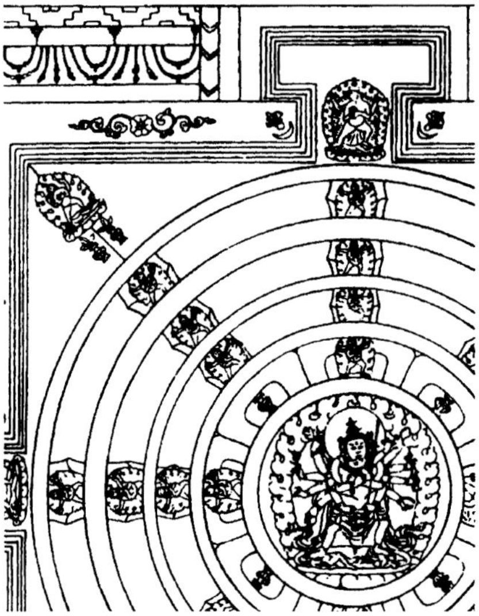

畫勝樂輪曼荼羅時，依據不同繪製法本，畫出來的「外四輪」比例，就有很明顯差異。

勝樂輪曼荼羅宮殿　影印稿　三最齋集藏

由前表可以了解，三個緣生輪裡面畫的金剛杵、蓮花和法輪等持印，目的是要告訴鑑賞曼荼羅的人說，三祕輪的雙運身荼加以及荼加女，是不同部族的眷屬。

畫好三祕輪，接著是三昧耶輪，它位於身祕緣生輪之外、五色線界道四門之內，四個角落自然成形的三角形，所以不必畫就已經完成三昧耶輪了。

八支輪幅分量距離畫法（見二二八、二二九圖）

三祕輪在安放荼加和荼加女之前，要先把輪幅畫起來。八支輪幅分別從曼荼羅中心點朝四方和四維放射出去，畫法都一樣，於此以朝東方（下方）的輪幅來說明如何繪製。

以曼荼羅中心點爲基準，在南北向梵線（水平直線）兩側，各與中心點距離一・六個格子的地方，往下（東方）畫兩條平行線，長度穿過三祕輪，一直延續到身祕緣生輪爲止。爲了方便說明起見，暫且把「一・六個格子」當做「一個格子」，等到真正要畫的時候再依比率換算回來。

身語意三祕輪的輪距（含主輪與副輪）原本都是三・二個格子，現在也暫且當做二個格子計算，並在二個格子距離的中間加畫一條虛線，如此一來，使每一輪都有四個正方形格子。

然後，在橫向梵線上，取距離中心點半個格子的A點，往右下方斜向四十五度，畫到虛線的B點上。再從B點畫到C點、C畫到D……，一直以 > 和 < 的形狀連續畫到G點爲止。

接下來，和前述畫法原理相同，從a點畫到虛線的b點，使aABCcb六

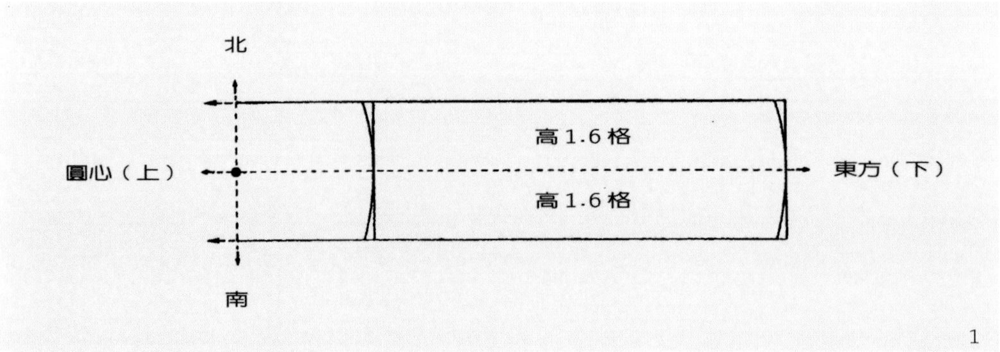

勝樂輪曼荼羅輪幅繪製法之一　蔡東照繪

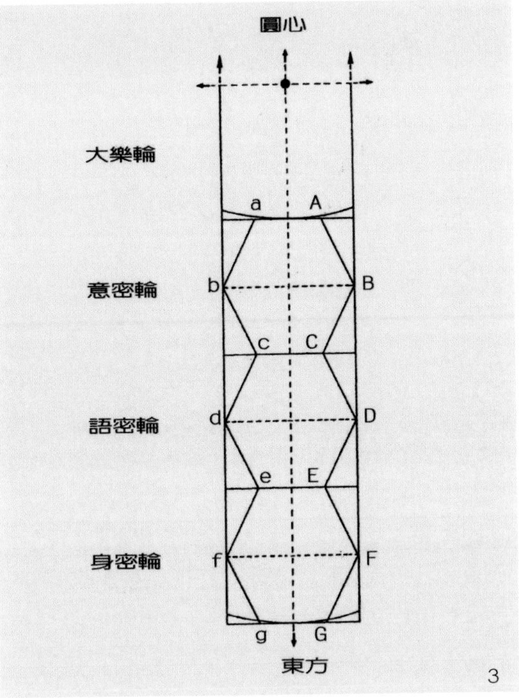

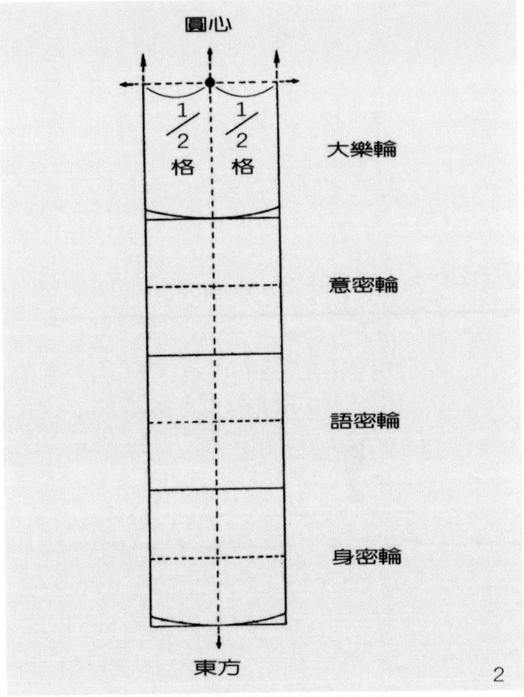

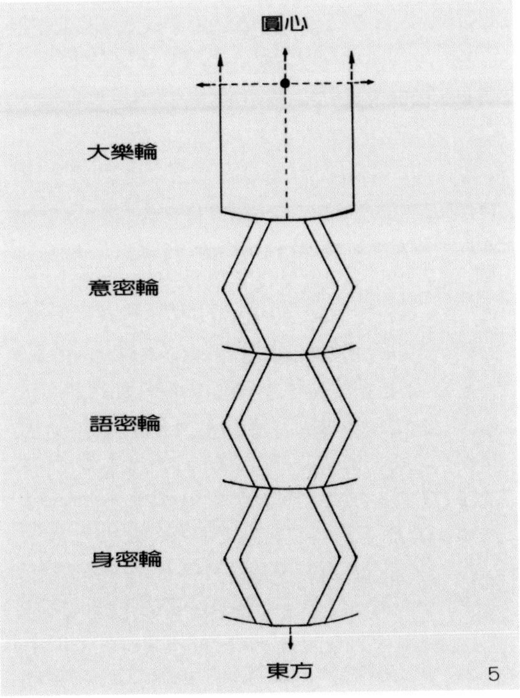

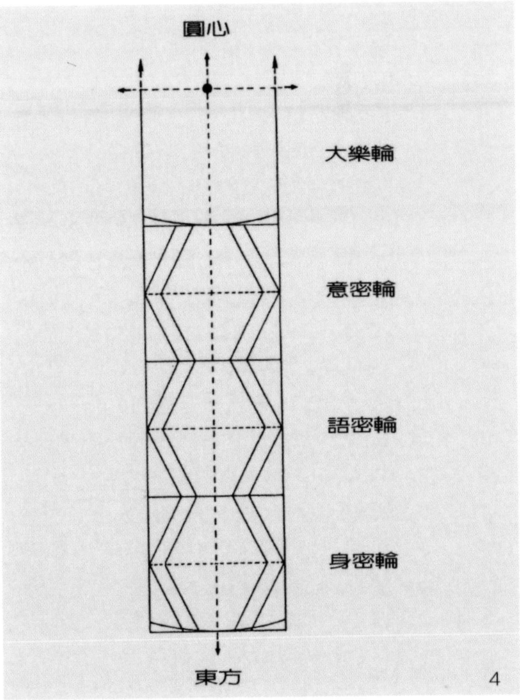

勝樂輪曼荼羅輪幅繪製法二至五　蔡東照繪

個點構成一個菱形。再繼續從 b 點一直畫到 g 點就完成了。三祕輪所有樂空雙運身荼加和荼加女，就安放在菱形空間裡面。

四外部輪分量距離畫法

畫好內輪之後，就可以畫雜色蓮華輪、金剛杵輪、火炎輪和八大寒林輪等四外部輪了。在繪畫程序上，由內而外去畫，才不會不小心破壞已經彈好的線畫。

原先在樓閣平面圖第十三列，「迴廊垛牆」佔十個格子，上半段中間六個格子從缺，這是要畫法輪的地方。現在從下半段上緣，左右各距離梵線一．五格的位置，往上斜畫到第十八列、第一個格子的中心點，把兩個中心點連成橫線，成爲上面窄（一個格子）下面寬（四個格子）的錐形，這是毘首金剛杵的尖端。

然後以曼荼羅中心點爲定點，取中心點到毘首金剛杵尖 A 點的距離當做半徑，畫出一個大圓圈，就是雜色蓮華輪的內圈。再自圓心往外側，分別畫出金剛杵輪、火炎輪以及八大屍林輪等，這四輪的輪距分量，是以一個格子爲單位，四輪由內向外依照順序的比率是「3：1：5：5 個格子」。

完成外部輪的彈線作業，勝樂曼荼羅的彈線儀軌到此告一段落，負責彈線的僧侶對線畫曼荼羅舉行供養獻食之後，接著進行「分繪彩色儀軌」，開始爲曼荼羅上色。

各曼荼羅有不同的上色原則，這些顏色只要參看本書附圖的彩色曼荼羅即可了解，不再野人獻曝。

勝樂曼荼羅宮殿線畫圖（上）與布繪彩圖（下）參照圖

八大迦羅迦沙曼
荼羅製作過程

3

4

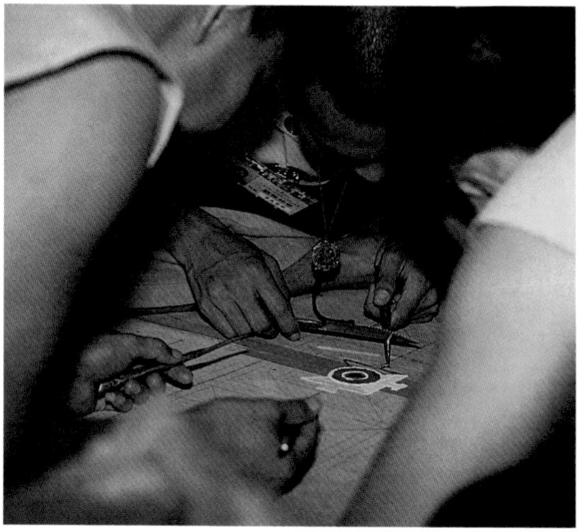
1

5

2

9

6

10

7

11

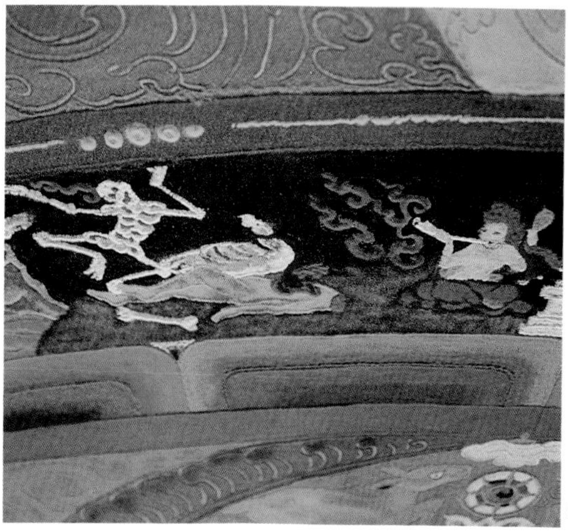
8

15

16

1 完成彈線，共同製作第一個曼荼羅的心輪，檢測是否正確。
2 四人在四方位，各自製作一個曼荼羅。
3 進行第九個曼荼羅時，一組人開始製作外輪。
4 隨時計算度量，以免失之毫釐、差之千里。
5 細心製作五色線。
6 樓閣進行一半，共同製作一處外苑。
7 確定無誤，三組分開製作三處外苑。
8 完成外輪，這是八大屍林輪。
9 製作護輪之外，曼荼羅外境的飾花寶瓶，由大畫師勾勒線條。
10 耗時一週，終於完成。
11 上師檢視沙曼荼羅。中為康卓仁波切，右為丁乃竺女士。
12 上師主持開壇
13 為九個曼荼羅封印
14 喇嘛們繞壇結界
15 向曼荼羅獻供養，釘金剛橛。
16 降神，確認應邀諸尊已經入壇。

12

13

14

圖版索引

【參考書目】

● 曼荼羅的世界◎松長有慶等著作◎曼尼文化事業公司
● 白話本西藏中陰度亡經◎蔡東照譯撰◎曼尼文化事業公司
● 圖說印度藝術◎劉其偉等撰文◎藝術家出版社
● 敦煌藝術圖典◎林保堯編著◎藝術家出版社
● 密宗道次第廣論◎宗喀巴著．法尊譯◎文殊文化公司
● 探索西藏唐卡◎張宏實著◎橡樹林文化
● 清淨無染之法義◎倬瑪編輯◎寧瑪巴聞思修佛學會
● 了義炬◎姜貢康著仁波切著．鄭振煌譯◎台北噶舉佛學會
● 貝諾法王開示大圓滿四加行◎貝瑪揚鐘編輯◎蓮華圓滿印經服務協會
● 曼荼羅的一切◎西上青曜繪著◎PHP研究所
● 曼荼羅◎立川武藏著◎學習研究社
● 曼荼羅與輪迴◎立川武藏編◎佼成出版社

作者簡介

蔡東照

1949 年生，台北市人。
中國文化大學畢業。
儂儂雜誌、媽媽寶寶雜誌創辦人。

著作

◎《從頭到腳看女人》、《從古到今看西洋女人》、《白話本西藏中陰度亡經》（曼尼文化）
◎《內灣的故事》、《台灣鄉土民俗圖集》（聯經）
◎《解開密宗輪廓與奧義》、《進入曼荼羅與佛尊對談》、《漢
◎傳佛教顯密諸尊曼荼羅》、《佛部菩薩部曼荼羅》、《女尊天衆護法曼荼羅》、《聖綠度母與白度母》（唵阿吽）
◎《神祕的印度唐卡藝術》、《神祕的曼荼羅藝術》（藝術家）

作者簡介

蔡東照

1949年生，台北市人。
中國文化大學畢業。
儂儂雜誌、媽媽寶寶雜誌創辦人。

著作

◎《從頭到腳看女人》、《從古到今看西洋女人》、《白話本西藏中陰度亡經》(曼尼文化)

◎《內灣的故事》、《台灣鄉土民俗圖集》(聯經)

◎《解開密宗輪廓與奧義》、《進入曼荼羅與佛尊對談》、《漢

◎傳佛教顯密諸尊曼荼羅》、《佛部菩薩部曼荼羅》、《女尊天眾護法曼荼羅》、《聖綠度母與白度母》(唵阿吽)

◎《神祕的印度唐卡藝術》、《神祕的曼荼羅藝術》(藝術家)

國家圖書館出版品預行編目資料

神祕的曼荼羅藝術 / 蔡東照著. -- 初版. --
臺北市：藝術家, 2007 [民96]
面； 公分. --（佛教美術全集：17）
參考書目：面
含索引
ISBN 978-986-7034-32-8（精裝）

1.佛教藝術 2.藏傳佛教

224.5 95023893

佛教美術全集〈拾柒〉

神祕的曼荼羅藝術

蔡東照◎著

發行人 何政廣
主 編 王庭玫
編 輯 謝汝萱、王雅玲
美 編 張庶疆、雷雅婷
出版者 藝術家出版社
台北市重慶南路一段147號6樓
TEL：(02)2371-9692～3
FAX：(02)2331-7096
郵政劃撥：01044798 藝術家雜誌社帳戶

總經銷 時報文化出版企業股份有限公司
台北縣中和市連城路134巷16號
TEL：(02)2306-6842

南部區域代理 台南市西門路一段223巷10弄26號
TEL：(06)261-7268
FAX：(06)263-7698

製版印刷 欣佑彩色製版印刷股份有限公司
初 版 2007年1月
定 價 新台幣600元

ISBN 978-986-7034-32-8
法律顧問 蕭雄淋

行政院新聞局出版事業登記證局版台業字第1749號